Workbook and Laboratory Manual

CON MUCHO GUSTO

TERCERA EDICIÓN

JEAN-PAUL VALETTE

GENE S. KUPFERSCHMID
Boston College

REBECCA M. VALETTE
Boston College

HOLT, RINEHART AND WINSTON, INC.

New York   Chicago
San Francisco
Philadelphia
Montreal   Toronto
London   Sydney
Tokyo

Printed in the United States of America

 9 0 1 2 002 9 8 7 6 5 4 3

Holt, Rinehart and Winston, Inc.
The Dryden Press
Saunders College Publishing

LABORATORY MANUAL

The exercises in the Workbook portion of this volume supplement those found in *CON MUCHO GUSTO, Tercera edición*. They are designed to give students additional practice in both reading and writing.

The Workbook exercises correspond to the grammar presentations within each lesson of *CON MUCHO GUSTO*. Like the exercises found in the textbook, these activities are situated in a real-life context, which relates to the chapter theme wherever possible. Thus, students are given practice in language structure and high-frequency vocabulary at the same time.

Each lesson of the Workbook includes a variety of activities, ranging from structured exercises to freer, more personalized drills. Students are encouraged to use the grammatical structures and vocabulary words they have just learned to discuss some aspects of their personal experience.

At the end of every third lesson, the *Otras perspectivas* activity *Aumente su vocabulario* will help students increase their comprehension and usage of Spanish vocabulary. The *Vocabulario activo* lists all the active vocabulary taught in the preceding unit. Students will find these lists helpful in reviewing for unit tests.

The pages of the Workbook are perforated to facilitate the collection of assignments.

The Laboratory Manual portion of this volume is a guide to the tape program accompanying *CON MUCHO GUSTO, Tercera edición*. Together the Laboratory Manual and tape program are designed to provide additional out-of-class oral and listening practice for the students. Each lesson, including the preliminary lessons, has a corresponding tape segment of under thirty minutes.

The tape sequence for each lesson of *CON MUCHO GUSTO* is as follows. First, the students listen to a reading (by native speakers) of the opening presentation. In the *Unidad preliminar* and *Unidad I*, this listening drill is followed by a line-for-line repetition. Throughout the program, the reading is followed by a series of questions that test listening comprehension.

Pronunciation practice is provided in the *Fonética* drill, the next element in the program. Following the *Fonética* is a series of exercises on both the grammatical topics and vocabulary taught in the corresponding lesson of the text. These exercises follow the order of presentation of grammar points in the text and are all four-phased.

Additional listening comprehension practice is provided in the "Dictation" or "Listening Comprehension" activity at the end of each lesson. Sound discrimination exercises are incorporated into a number of the lessons.

Directions for each exercise and model sentences are given in the Laboratory Manual as well as on the tape. For all exercises requiring a written response, exercise items are followed by a solid line.

With the exception of the closing dictation for each lesson, answers are provided for all exercises, both oral and written, making the program almost completely self-correcting. The closing dictation can be found on the tapescript.

After every three lessons, there are two *Día por día* dialogues, which are given on a separate tape.

WORKBOOK

A

¡Qué coincidencia!

EJERCICIO 1. *Presentación* (Introduction)

Introduce yourself by completing the following sentences.

1. Me llamo _Ana_.
2. Soy de _Molalla_.
3. Estudio en la universidad de _Mt. Angel_.
4. El profesor/La profesora de español se llama _la Sra. Kline (la señora Kline)_.

EJERCICIO 2. *Conversaciones*

Complete the following conversations by filling in the missing words.

1. ¿ _Quién_ es?

   _Es_ Alicia.

2. _Soy_ de Puerto Rico. ¿Y tú? (*And you?*)

   Soy de México.

3

3. ¿ *Cómo* te llamas?

   Me llamo Enrique.

4. ¿Cómo *se* llama la profesora?

   Se llama la señorita Iturbe.

EJERCICIO 3. *En Lima*

Imagine that you are spending a semester as an exchange student in Lima, Peru. Write down what you would say under the following circumstances.

> MODELO   It is 3 p.m. On the street, you see señora Rodríguez, a neighbor. You greet her.
> _____*Buenas tardes*_____, señora Rodríguez.

1. It is 8:15 in the morning. As you leave your apartment, you meet señor Cataldo, your landlord. You greet him.

   _____*Buenos días*_____, señor Cataldo.

2. As you enter the classroom, you say hello to Ana María, a friend. ¡_____*Hola*_____, Ana María!

3. In a café, you see a student whom you know by sight. You ask his name. ¿_____*Cómo te llamas*_____?

4. You have been introduced to Antonia, a fellow student. Reply that you are pleased to meet her.

   _____*Mucho gusto*_____.

5. The afternoon classes are over. You tell Carlos, the student who sits next to you, that you will see him tomorrow.

   _____*Hasta mañana*_____, Carlos.

4

NOMBRE ___Ana Woody___ FECHA _9-10-90_ CLASE _Español_

6. As you are returning home by bus, you see a professor.
   Ask your friend Anita, who is next to you, what his name
   is. ¿_Cómo se llama_?

7. It is 11 p.m. As you get back to your apartment, you
   see señor Sánchez, a neighbor. Wish him good night.
   ___Buenas noches___, señor Sánchez.

NOMBRE _Ana Woody_ FECHA _9-17-90_ CLASE _Español_

✓

B

¡Menos mal!

EJERCICIO 1.   *¡Bingo!*

Imagine that you are playing bingo in Spanish. The following numbers have been called. Write out their numerical equivalents.

MODELO   veinticuatro _____24_____

1. dieciocho _____18_____
2. treinta y dos _____32_____
3. ochenta _____80_____
4. sesenta y nueve _____69_____
5. noventa y cinco _____95_____
6. ciento _____100_____
7. veintiséis _____26_____
8. cuarenta _____40_____
9. setenta y nueve _____79_____
10. cincuenta y siete _____57_____
11. catorce _____14_____
12. noventa y uno _____91_____
13. ochenta y ocho _____88_____
14. setenta y cuatro _____74_____
15. treinta y nueve _____39_____
16. trece _____13_____

7

EJERCICIO 2. *El costo de la vida* (The Cost of Living)

Imagine that you are living in Spain. Give the prices of the
following items by writing out the corresponding numbers.
(Note: The *peseta*, which is the currency of Spain, is worth
about a penny.)

MODELO   (el sello) _____*quince*_____ pesetas

1. (el lápiz) _____*diez y ocho*_____ pesetas

2. (el bolígrafo) _____*Trienta*_____ pesetas

3. (el café) _____*Sesenta y cinco*_____ pesetas

4. (el cuaderno) _____*Noventa*_____ pesetas

8

NOMBRE *Ana Woody*   FECHA *9-17-90*   CLASE *Español*

EJERCICIO 3.   *Las asignaturas*   (School Subjects)

Match each of the school subjects in the box with the
corresponding drawings.

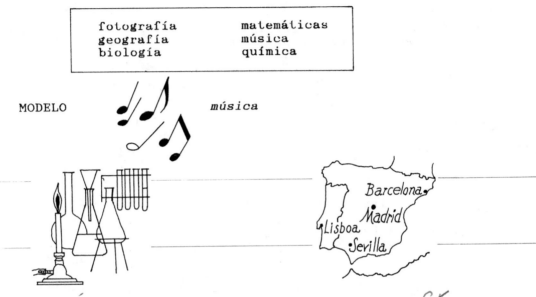

fotografía	matemáticas
geografía	música
biología	química

MODELO   *música*

1. __*química*__

3. __*geografía*__

$$E = MC^2$$

$$2 + 2 = 4$$

2. __*matemáticas*__

4. __*fotografía*__

9

EJERCICIO 4. ¿Dónde? (Where?)

Here are the Spanish names of various places.

aeropuerto	estación	cine
discoteca	universidad	restaurante
farmacia	supermercado	

Indicate where you would go to do the following things. Write the corresponding Spanish place name in the space provided.

MODELO   (to watch a movie)   (el) __cine__ Chapultepec

1. (to go dancing)   (la) __discoteca__ Miami

2. (to study Hispanic literature) (la) __universidad__ de

   Lima

3. (to buy aspirin)   (la) __farmacia__ Pérez

4. (to catch a train)   (la) __estación__ Chamartín

5. (to catch a plane) (el) __aeropuerto__ Barajas

6. (to have dinner)   (el) __restaurante__ "El Gaucho"

EJERCICIO 5. Conversaciones

Complete the following conversations by filling in the missing words.

1. --Hola, Paco. ¿Qué __tal__?

   --Muy bien, gracias.

2. --¿Cómo __estás__, Luisa?

   --Bien, gracias.

3. --Buenos días, señor Ribera. ¿Cómo __está Ud.__?

   --Regular.

10

NOMBRE _Ana Woody_   FECHA _9-17-90_ CLASE _Español_

EJERCICIO 6.   *¿Qué decirles?*   (What to tell them?)

An important part of speaking another language is knowing what to say in certain situations. Write down what you would say if you found yourself in the following situations in a Spanish-speaking country.

> MODELO   The mailman gives you a letter.
> *¡Gracias!*

1. A friend tells you that he failed an important exam.

    ¡Qué lástima!   .

2. A friend lends you his motorcycle.

    ¡Gracias!   .

3. You push someone inadvertently while waiting in line at a movie theater.

    ¡Perdón!   .

4. The waiter in a restaurant hands you the bill, and you realize that you do not have enough money to pay it.

    ¡Ay Caramba!   .

11

UNIDAD PRELIMINAR (LECCIONES A-B):   VOCABULARIO ACTIVO

TÍTULOS Y SALUDOS

Titles and Greetings

(el) señor; Señor	*Mr.; sir*
(la) señora; Señora	*Mrs.; ma'am, madam*
(la) señorita; Señorita	*Miss*

Buenos días.	*Good day. Hello. Good morning.*
Buenas tardes.	*Good afternoon.*
Buenas noches.	*Good evening. Good night.*
¡Hola!	*Hi! Hello!*
Adiós.	*Good-bye.*
Hasta luego.	*So long. See you soon.*
Hasta la vista.	*So long. See you soon.*
Hasta mañana.	*See you tomorrow.*

¿Qué tal?	*How's everything?*
¿Cómo estás?	*How are you? (familiar)*
¿Cómo está Ud.?	*How are you? (formal)*
Muy bien.	*Very well.*
Bien.	*Well.*
Regular.	*All right.*
Más o menos.	*So-so.*
Mal.	*Poorly. Bad.*
Muy mal.	*Very bad. Terrible.*

MANDATOS

Commands

¡Escuchen!	*Listen!*
¡Miren!	*Look!*
¡Repitan!	*Repeat!*

¡Abran ustedes los libros!	*Open your books!*
¡Cierren ustedes los libros!	*Close your books!*
¡Pregunten ustedes a su compañero!	*Ask your classmate!*

PREGUNTAS Y RESPUESTAS	Questions and Answers
¿Cómo te llamas?	*What's your name? (familiar)*
Me llamo...	*My name is . . .*
¿Cómo se llama?	*What's his/her name?*
Se llama...	*His/Her name is . . .*
¿Quién es?	*Who is it? Who's that?*
Es...	*It's . . . That's . . .*
Es de...	*He/She is from . . .*
Soy de...	*I am from . . .*
¿Qué estudias?	*What are you studying? (familiar)*
Estudio...	*I'm studying . . . I study . . .*
ciencias,	*science,*
español,	*Spanish,*
historia,	*history,*
inglés y	*English, and*
matemáticas.	*mathematics.*
¿Cuánto son dos y tres?	*How much are two plus three?*
Dos y tres son cinco.	*Two plus three are five.*
¿Cómo se dice (examen) en inglés?	*How do you say (exam) in English?*
Se dice (exam).	*You say (exam).*
¿Hay preguntas?	*Are there questions?*
Hay...	*There is . . . There are . . .*
No hay...	*There is no . . . There are no . . .*
No sé.	*I don't know.*
Otra vez, por favor.	*Again, please.*

EXPRESIONES	Expressions
sí	*yes*
no	*no*
por favor	*please*
gracias	*thank you*
de nada	*you're welcome; it's nothing*
perdón	*excuse me*
Mucho gusto.	*Pleased to meet you.*
con mucho gusto	*with pleasure*
¡Qué lástima!	*That's too bad!*
¡Ay!	*(exclamation of surprise or pain)*
¡Caramba!	*Good heavens! Good grief!*

NÚMEROS   Numbers

Spanish	Number
cero	0
uno	1
dos	2
tres	3
cuatro	4
cinco	5
seis	6
siete	7
ocho	8
nueve	9
diez	10
once	11
doce	12
trece	13
catorce	14
quince	15
dieciséis (diez y seis)	16
diecisiete (diez y siete)	17
dieciocho (diez y ocho)	18
diecinueve (diez y nueve)	19
veinte	20
veintiuno (veinte y uno)	21
veintidós (veinte y dos)	22
veintitrés (veinte y tres)	23
veinticuatro (veinte y cuatro)	24
veinticinco (veinte y cinco)	25
veintiséis (veinte y seis)	26
veintisiete (veinte y siete)	27
veintiocho (veinte y ocho)	28
veintinueve (veinte y nueve)	29
treinta	30
treinta y uno	31
cuarenta	40
cincuenta	50
sesenta	60
setenta	70
ochenta	80
noventa	90
cien	100

1

Adela Vilar
(de los Estados Unidos)

EJERCICIO 1. *En México*

Imagine that you are studying in a Mexican university. In column A, write the pronouns that you should use when talking about your teachers and fellow classmates. In column B, write the pronoun that you should use when talking to these same people.

	A (talking about)	B (talking to)
MODELO el señor Morales	*él*	*Ud.*
1. Carlos	él	tú
2. Luisa	ella	tú
3. la señora García	ella	Ud.
4. Pedro y Paco	ellos	Uds.
5. Carmen y Teresa	ellas	Uds.
6. Alberto, Luis y María	ellos	Uds.
7. el señor Fonseca y la señorita Gómez	ellos	Uds.

17

EJERCICIO 2.   ¿Quién es?

In the sentences below, the subject is missing. Read the
suggested subjects in parentheses and circle all those that
would fit.

    MODELO   (Tú   (Carlos)   (El Sr. Ojeda)   Vosotros   (Ud.))

          _____ trabaja en México.

1. (Uds.   Marcos y Chela   (Nosotros)   (Tú y yo)   Ellos)

    _____ estudiamos español.

2. (Ud.   (Ellos)   La Sra. Móntez   Tú   (Uds.)   (Ana y Marta))

    _____ hablan francés.

3. (Nosotros   (Tú)   Yo   Ud.   Clara)

    _____ visitas España.

4. ((La Srta. Delgado)   (Ud.)   (Él)   Tú   (Dalia))

    _____ trabaja en Madrid.

EJERCICIO 3.   ¿Y Ud.?

Answer the following questions affirmatively or negatively.

    MODELO   ¿Habla Ud. francés?
          Sí, hablo francés.   or   *No, no hablo francés.*

1. ¿Estudia Ud. química?

    No, no estudio química.

2. ¿Baila Ud. a menudo?

    No, no bailo a menudo.

NOMBRE _Ana Woody_ FECHA _9-28-90_ CLASE _Español_

3. ¿Toca Ud. el violín?

No, no toco el violín. .

4. ¿Gana Ud. mucho dinero?

Sí, gano mucho dinero. .

EJERCICIO 4. *¿Y ellos?*

Ask whether the people below do the things in parentheses.

MODELO   Isabel   (cantar bien)
          ¿Canta bien Isabel?

1. la Señora Pascual   (hablar inglés)

¿Habla inglés la Sra. Pascual? .

2. Uds.   (manejar bien)

¿Manejan bien ustedes? .

3. Ud.   (trabajar mucho)

¿Trabaja mucho usted? .

4. Felipe y Teresa   (bailar a menudo)

¿Bailan a menudo Felipe y Teresa? .

19

EJERCICIO 5.   *¿Cuál es la palabra?*   (Which word?)

Complete each sentence below with the correct word.

MODELO   (e / y)   Marcos ____*y*____ Silvia visitan México.

1. (e / y)   Alberto ____*e*____ Isabel cantan.

2. (o / u)   ¿Estudias matemáticas ____*o*____ ciencias naturales?

3. (o / u)   ¿Quién habla francés? ¿Enrique ____*u*____ Oscar?

4. (mal / bien)   Felipe no practica el inglés. Habla ____*mal*____.

5. (con / pero)   Adela visita Madrid ____*con*____ Alicia.

6. (a / en)   Estudiamos español ____*en*____ la universidad.

7. (de / a)   Soy ____*de*____ Colombia.

2

Ana María Solé (de España)

EJERCICIO 1. *Imitación*

Read what one person does and indicate that others do the same things. Write the corresponding sentences in the plural. Be sure to use the appropriate <u>definite</u> articles.

MODELO   Un chico canta.
         Los chicos cantan.

1. Una estudiante estudia.

   _____.

2. Una mujer trabaja.

   _____.

3. Un joven baila.

   _____.

4. Una joven visita el museo (*museum*).

   _____.

5. Un profesor trabaja mucho.

   _____.

21

6. Un hombre escucha la radio.

_____ .

EJERCICIO 2.   *Preferencias*

Describe your preferences by completing each of the following
sentences with an <u>infinitive clause</u> of your choice.

    MODELO   En clase me gusta   <u>*hablar español, estudiar...*</u>

1. En clase no me gusta _____ .

2. En casa (*At home*) me gusta _____ .

3. En el verano (*In the summer*) me gusta _____

_____ .

4. En el verano no me gusta _____ .

5. En el futuro espero _____ .

6. Para mí es importante _____ .

7. Para mí es útil _____ .

8. Para mí no es necesario _____ .

EJERCICIO 3.   *Preguntas y respuestas*   (Questions and Answers)

Complete the questions below with the interrogative expressions
that logically correspond to the information given in the
answers.

<u>*Preguntas*</u>	<u>*Respuestas*</u>
MODELO ¿ <u>*Qué*</u> escuchas, Paco?	Un programa de música clásica.
1. ¿_____ tocan la guitarra?	Adela y Carmen.

22

2. ¿_____ estudias, Felipe?   El inglés.

3. ¿Con _____ baila Marcos?   Con Elena.

4. ¿_____ estudias inglés?   En el Instituto
                                       Internacional.

5. Pedro y Antonio, ¿_____   Trabajamos en un café.

   trabajan Uds.?

6. Carmen, ¿_____ estudias   Porque espero visitar

   francés?   París.

7. ¿_____ esperas visitar   En octubre o noviembre.

   París?

EJERCICIO 4.   *Relaciones sociales*

Our lives are characterized by frequent social contact with
others. Describe the interaction that you and some of your
friends have with others by completing the sentences below with
the pronouns that represent the people named in parentheses.

    MODELO   (la señora Vargas)   Silvia canta con __*ella*__.

1. (Isabel y Lucía)   Ana María viaja con _____.

2. (Paco)   Miro la televisión con _____.

3. (la señora Ribera)   Trabajamos para _____.

4. (Luis y Ricardo)   Visitas México con _____.

5. (tú)   Carlos siempre habla de _____.

6. (yo)   También habla a menudo de _____.

23

EJERCICIO 5. *La amiga mexicana*

Ask your Mexican friend Consuela the following questions in
Spanish, addressing her as *tú*.

    MODELO   Ask her if she likes to speak English.
               ¿Te gusta hablar inglés?

1. Ask if her she likes to travel.

    _____ .

2. Ask her if she hopes to visit Spain (*España*).

    _____ .

3. Ask her if she needs to earn money.

    _____ .

4. Ask her if she wants to visit a museum (*un museo*) with you.

    _____ .

5. Ask her why she studies English.

    _____ .

6. Ask her where she works.

    _____ .

3

Víctor Marini (de la Argentina)

EJERCICIO 1. *¿De dónde son?* (Where are they from?)

After learning which languages the following people speak, indicate from which of the four cities listed below they probably come. Use the appropriate forms of *ser de*.

las ciudades: París Roma Madrid Boston

MODELO Ud. habla inglés.
        Ud. es de Boston.

1. Hablamos español. _____.

2. Pietro y Ana hablan italiano. _____.

3. Uds. hablan francés. _____.

4. Hablo inglés. _____.

5. Hablas italiano. _____.

6. La Sra. Ruiz habla español. _____.

25

EJERCICIO 2. *Descripciones*

Complete the sentences below with the appropriate forms of the adjectives in parentheses.

    MODELO   Mariluz es ___*española*___.   (español)

1. Ricardo y Esteban son _____.   (español)

2. Las estudiantes son _____.   (inglés)

3. Enrique y yo somos _____.   (liberal)

4. Felipe y Andrés son _____.   (pesimista)

5. Inés y Carolina son _____.   (intelectual)

6. Las amigas de Luis son _____.   (inteligente)

EJERCICIO 3. *Impresiones personales*

Give your impressions of the following people by writing a complete sentence for each cue. Use the nouns suggested plus an adjective of your choice from the box below.

interesante	divertido	bueno
inteligente	tonto	malo
simpático	antipático	

    MODELO   Woody Allen / comediante (*comedian*)
              Woody Allen es un comediante divertido.
              <u>or</u> *Woody Allen es un buen comediante.*

1. Madonna / cantante (*singer*)

    _____.

2. Bruce Springsteen / cantante

    _____.

3. Los Rolling Stones / músicos

_____.

4. Tom Cruise / actor

_____.

5. Meryl Streep / actriz

_____.

6. los profesores / personas

_____.

7. nosotros / estudiantes

_____.

8. yo / joven

_____.

9. J. R. Ewing / hombre

_____.

EJERCICIO 4. *Fechas importantes*

Complete the following sentences with the correct dates. Do not
abbreviate.

1. Hoy es _____.

2. Mañana es _____.

3. Mi cumpleaños es _____.

4. El cumpleaños de mi mejor (*best*) amigo/a es _____

_____.

5. El día de San Valentín es _____.

27

6. El día de la madre (*Mother's Day*) es _____.

7. El primer día de vacaciones es _____.

8. La Navidad (*Christmas*) es _____.

EJERCICIO 5. *En español, por favor.*

Complete the Spanish equivalents of the English sentences below by filling in the blanks with the missing words.

     MODELO   How much money do you need?
              ¿___*Cuánto*___ dinero necesitas?

1. How many students are there in the Spanish class?

   ¿_____ estudiantes hay en la clase de español?

2. There are many girls at the party.

   Hay _____ chicas en la fiesta.

3. Carmen is dancing with another fellow.

   Carmen baila con _____ joven.

4. In class, all the students speak Spanish.

   En la clase _____ los estudiantes hablan

   español.

5. Which is your favorite record?

   ¿_____ es su disco preferido?

6. What program are you listening to?

   ¿_____ programa escuchas?

Unidad I: Otras perspectivas

AUMENTE SU VOCABULARIO

The following words are cognates, although they all follow
different patterns, which will be presented in subsequent
lessons. Give their English equivalents.

economía _____	referir _____
grupo _____	usar _____
influencia _____	cultural _____
nación _____	evidente _____
programa _____	oficial _____
restaurante _____	popular _____
entrar _____	rápido _____
establecer _____	similar _____

UNIDAD I (LECCIONES 1-3):   VOCABULARIO ACTIVO

PRONOMBRES	Pronouns
yo	*I*
tú	*you (familiar)*
él	*he*
ella	*she*
usted (Ud.)	*you (formal)*
nosotros	*we*
vosotros	*you (familiar plural)*
ellos	*they*
ustedes (Uds.)	*you (plural)*
mí	*me*
ti	*you*
conmigo	*with me*
contigo	*with you*

ARTÍCULOS	Articles
el, la, los, las	*the*
un, una	*a, an*
unos, unas	*some, a few, any*

SUSTANTIVOS MASCULINOS	Masculine Nouns
amigo	*friend* (male)
año	*year*
chico	*boy*
día	*day*
estudiante	*student* (male)
hermano	*brother*
hombre	*man*
joven	*young person* (male)
muchacho	*boy*
novio	*boyfriend*
profesor	*professor, teacher* (male)
señor	*gentleman*

SUSTANTIVOS FEMENINOS	Feminine Nouns
amiga	*friend* (female)
chica	*girl*
estudiante	*student* (female)
fecha	*date*
gente	*people*

31

SUSTANTIVOS FEMENINOS (cont.)   Feminine Nouns

hermana	*sister*
joven	*young person (female)*
muchacha	*girl*
mujer	*woman*
novia	*girlfriend*
persona	*person*
profesora	*professor, teacher (female)*
señora	*lady*
señorita	*young lady*

NOMBRES PROPIOS--PAÍSES   Proper Names--Countries

España (<u>f.</u>)	*Spain*
los Estados Unidos (<u>m.</u>)	*the United States*
Latinoamérica (<u>f.</u>)	*Latin America*
México (<u>m.</u>)	*Mexico*

ADJETIVOS   Adjectives

difícil	*hard, difficult*
fácil	*easy*
importante	*important*
necesario	*necessary*
útil	*useful*
aburrido	*boring*
alto	*tall*
antipático	*disagreeable*
bajo	*short*
bonito	*pretty*
bueno	*good*
conservador	*conservative*
delgado	*slender, slim*
divertido	*amusing, funny, fun*
egoísta	*selfish*
español	*Spanish*
feo	*ugly*
generoso	*generous*
gordo	*fat*
guapo	*good-looking; (<u>m.</u>) handsome;*
	(<u>f.</u>) beautiful
inteligente	*intelligent*
interesante	*interesting*
joven	*young*
latinoamericano	*Latin American*
liberal	*liberal*

ADJETIVOS (cont.)

lindo	*pretty*
malo	*bad*
mexicano	*Mexican*
moreno	*dark*
norteamericano	*American*
perezoso	*lazy*
rubio	*blond, fair*
serio	*serious*
simpático	*nice, agreeable*
tonto	*stupid, foolish*
trabajador	*hardworking*
viejo	*old*

LOS MESES

enero	*January*
febrero	*February*
marzo	*March*
abril	*April*
mayo	*May*
junio	*June*
julio	*July*
agosto	*August*
septiembre	*September*
octubre	*October*
noviembre	*November*
diciembre	*December*

LA SEMANA

(el) domingo	*Sunday*
(el) lunes	*Monday*
(el) martes	*Tuesday*
(el) miércoles	*Wednesday*
(el) jueves	*Thursday*
(el) viernes	*Friday*
(el) sábado	*Saturday*

EXPRESIONES

claro	*of course*
claro que no	*of course not*
no	*no*
por supuesto	*of course*
sí	*yes*

EXPRESIONES (cont.)	Expressions
¿Cuál es la fecha de hoy?	*What is today's date?*
¿Cuál es la fecha de su cumpleaños?	*What is the date of your birthday?*
Hoy es...	*Today is . . .*
¿Qué día es hoy?	*What day is today?*

ADJETIVOS INTERROGATIVOS E INDEFINIDOS	Interrogative and Indefinite Adjectives
¿cuánto?	*how much?*
¿cuántos?	*how many?*
mucho	*much, a lot of*
muchos	*many, a lot of*
otro	*other, another*
otros	*others*
todo (el)	*all, all (of) the*
todos (los)	*all, all (of) the, every*

VERBOS	Verbs
bailar	*to dance*
cantar	*to sing*
desear	*to wish, want*
escuchar (la radio)	*to listen to (the radio)*
esperar	*to hope*
estudiar (el libro)	*to study (the book)*
ganar (dinero)	*to earn (money)*
hablar	*to speak*
manejar (el coche)	*to drive (the car)*
mirar (la televisión)	*to watch, look at (television)*
nadar	*to swim*
necesitar	*to need*
ser	*to be*
tocar (la guitarra, el piano)	*to play (the guitar, the piano)*
trabajar	*to work*
viajar	*to travel*
visitar	*to visit*

FORMAS VERBALES	Verb Phrases
me gusta...	*I like . . .*
¿te gusta... ?	*do you like . . . ?*
quiero...	*I want . . .*
¿quieres... ?	*do you want . . . ?*

ADVERBIOS — Adverbs

ahora	*now*
a menudo	*often*
bastante	*rather*
bien	*well*
demasiado	*too*
hoy	*today*
mal	*badly, poorly*
mañana	*tomorrow*
más	*more*
mucho	*much, a lot; hard*
muy	*very*
no	*not*
nunca; no... nunca	*never, not ever*
poco	*little, not much*
siempre	*always*
también	*also, too*
un poco	*a little*

PREPOSICIONES — Prepositions

a	*to, at*
con	*with*
de	*of; about; from*
en	*in; at*
para	*for*

CONJUNCIONES — Conjunctions

o (u)	*or*
pero	*but*
porque	*because*
y (e)	*and*

PALABRAS INTERROGATIVAS — Interrogatives

¿cómo?	*how?*
¿cuándo?	*when?*
¿dónde?	*where?*
¿por qué?	*why?*
¿qué?	*what?*
¿quién?	*who? whom?*
¿quiénes?	*who? whom?*
¿verdad?; ¿no?	*isn't it?*

4

Miguel no tiene suerte

EJERCICIO 1. *Actividades*

Complete each sentence with the appropriate form of a verb from the box below. Be logical.

aprender	comer	escribir
asistir	comprender	leer
beber	correr	vivir

MODELO   Federico ___*come*___ un pastel.

1. Somos norteamericanos. _____ en Nueva York.

2. Clara y Felicia _____ a un concierto de

   música clásica.

3. ¿Qué _____ tú? ¿Café o chocolate?

4. ¿Qué periódico _____ Uds.?

5. ¿_____ todos los estudiantes cuando el

   profesor habla español?

6. Yo _____ el francés porque espero viajar a

   Francia.

7. Felipe _____ con bolígrafo.

8. El hermano de Teresa _____ muchos dulces.

9. Adela _____ en el maratón de Boston.

EJERCICIO 2.   *¿Y Ud.?*

Complete the following sentences with appropriate words or phrases.

MODELO   Vivo _en una casa pequeña (en San José, en un_

apartamento...)   .

1. Mi familia vive _____

_____.

2. En la cafetería comemos _____

y bebemos _____.

3. Me gusta comer _____

y beber _____.

4. En la universidad, aprendo _____

_____.

5. El periódico que (*that*) leo se llama _____

_____.

6. Me gusta asistir a _____

_____.

EJERCICIO 3.   *¡Lógica!*

For each item, complete the first sentence with the appropriate
form of *tener*. Then complete the second sentence with the
appropriate form of a verb ending in *-er* or *-ir* that fits
logically.

MODELO   Paco __*tiene*__ hambre. __*Come*__ un sándwich.

1. Nosotros _____ sed. _____ agua

   mineral.

2. Tú _____ un lápiz. _____ una carta.

3. Uds. _____ el periódico. _____ el

   horóscopo.

4. Los estudiantes _____ una clase a la una.

   _____ inglés.

5. María _____ mucha suerte. _____ en un

   apartamento muy bonito en Madrid.

6. Yo _____ mucha prisa. _____ para

   tomar el autobús.

EJERCICIO 4.   *¿Por qué?*

Complete the second sentence of each pair with the appropriate
form of the *tener* expression that seems most logical.

    MODELO   Paco come una hamburguesa enorme.
              Él   *tiene hambre*   .

1. Bebemos mucha agua.   Nosotros _____.

2. Son las dos de la mañana.   (*It's 2 a.m.*)

   Uds. _____.

3. El Sr. Carranza corre.   Él _____.

4. Tienes mucho dinero.   Tú _____.

5. Elena necesita un suéter.   Ella _____.

6. Yo no quiero entrar en la casa encantada (*haunted house*).

   Yo _____ de los fantasmas (*ghosts*).

5

El fin de semana, ¡por fin!

EJERCICIO 1. *Actividades*

Describe the activities of the people below, using the elements in parentheses. Use the personal *a* (and the contracted form of *a + el*) when needed.

MODELO   (invitar / Gloria)
            Carlos ___*invita a Gloria*___ .

1. (escuchar / la profesora)

   Los estudiantes _____.

2 (llamar / el estudiante mexicano)

   Nosotros _____.

3. (leer / el periódico)

   Ud. _____.

4. (escuchar / las noticias)

   Yo _____.

5. (manejar / el coche de Pedro)

   Ana _____.

6. (comprender / el profesor)

   Tú _____.

41

EJERCICIO 2. *¿De quiénes son?*

Complete the sentences below with the names of the underlined objects, the preposition *de* or the contracted form of *de + el* or *a + el*, and the person to whom the objects belong. Follow the model.

> MODELO   Felipe tiene una guitarra.
>   Ricardo toca   *la guitarra de Felipe* .

1. Manuela tiene <u>unos discos</u> (*records*).

   Escucho _____.

2. Patricio tiene <u>una calculadora</u>.

   Voy a comprar _____.

3. El profesor tiene <u>unos libros</u>.

   Leemos _____.

4. La hermana de Carlos tiene <u>un auto</u>.

   Voy al centro en _____.

5. El chico español tiene <u>una cámara</u>.

   Adela toma fotos con _____.

6. El Sr. Pérez tiene <u>una casa</u>.

   Antonio y Paco viven en _____.

EJERCICIO 3.   *¿Qué hacen?*   (What are they doing?)

Complete the Spanish equivalents of the English sentences below.
Write in the missing verbs, plus the personal *a* when
appropriate.

1. We are returning at 5:30.

   _____ a las cinco y media.

2. Mr. Pacheco is taking the bus.

   El Sr. Pacheco _____ el autobús.

3. You are chatting with a friend.

   Tú _____ con un amigo.

4. Miss Mendoza is taking the car out of the garage.

   La Srta. Mendoza _____ el coche del garaje.

5. I am calling a Mexican friend.

   _____ una amiga mexicana.

6. How many records are you taking along to the party?

   ¿Cuántos discos _____ tú a la fiesta?

7. The shop sells very elegant clothing.

   La tienda _____ ropa muy elegante.

8. We are buying drinks for the picnic.

   _____ refrescos para el pícnic.

9. You are inviting the Spanish boys, aren't you?

   Ud. _____ los jóvenes españoles, ¿verdad?

10. Amalia is taking Pablo's sister along to the party.

    Amalia _____ la hermana de Pablo a la fiesta.

43

EJERCICIO 4.   *¿Adónde van?*

Say what the following people are going to do and where they are
going. Complete the second sentence of each pair by using one
of the places in the box. Follow the model, and be logical.

```
el almacén       la biblioteca
el café          la playa
el estadio       la fiesta
el restaurante
```

MODELO   Paco y yo _vamos a_ comer. _Vamos al restaurante_ .

1. Tú _____ bailar. _____ .

2. Uds. _____ leer periódicos y revistas.

   _____ .

3. Nosotros _____ nadar.

   _____ .

4. Teresa _____ correr. _____ .

5. La Sra. Ortiz _____ comprar ropa (*clothes*).

   _____ .

6. Los estudiantes _____ tomar refrescos.

   _____ .

44

EJERCICIO 5. *¿Sí o no?*

Say whether or not people do the following things in the United
States. Use the construction *se* + verb.

MODELO (beber) ___*Se bebe*___ mucha cerveza.
       or ___*No se bebe*___ mucha cerveza.

1. (manejar) _____ a la izquierda (*on the left*).

2. (bailar) _____ el tango.

3. (vender) _____ discos en las farmacias.

4. (escribir) _____ muchas tarjetas (*cards*)

   durante las vacaciones de Navidad (*Christmas*).

5. (ir) _____ mucho al cine.

6. (necesitar) _____ mucho dinero para

   (*in order to*) vivir bien.

6

Momentos en la vida de un estudiante

EJERCICIO 1.   *¿Dónde están Uds.?*

Read what the following people are doing, and then indicate whether or not they are in the places mentioned by filling in the blanks with the correct <u>negative</u> or <u>affirmative</u> form of *estar*.

1. Pedro y Ana nadan. _____ en la piscina.

2. Miras la televisión. _____ en casa.

3. Tomamos refrescos. _____ en la cafetería.

4. Uds. estudian. _____ de vacaciones.

5. Susana escucha cintas. _____ en el cine.

6. Los primos de Paco bailan. _____ en una

   fiesta.

7. Miro esculturas modernas. _____ en un

   museo.

8. Ud. compra discos. _____ en un almacén.

47

EJERCICIO 2. *¿Con quién?*

Say what the following people are doing with their friends or
relatives. Write complete sentences using the appropriate
possessive adjectives.

    MODELO   Ana / bailar / el novio
              Ana baila con su novio.

1. Nosotros / ir a la fiesta / las amigas

    _____.

2. Ud. / estar en casa / los hermanos

    _____.

3. Yo / asistir a un concierto / el primo

    _____.

4. Uds. / viajar / los padres

    _____.

5. Tú / visitar Madrid / la prima

    _____.

6. Ricardo / hablar español / la amiga cubana

    _____.

7. Nosotros / ir a la biblioteca / la profesora

    _____.

8. La Sra. Móntez / estar de vacaciones / el esposo

    _____.

EJERCICIO 3. *¿Qué hora es?*

Give the times shown in the illustrations.

1. _____

4. _____

2. _____

5. _____

3. _____

EJERCICIO 4. *¿A qué hora?*

Complete the sentences below, indicating at approximately what
time of day you do certain things.

1. Voy a la universidad a _____.

2. Voy a la cafetería a _____.

3. Voy a casa a _____.

4. Pero los sábados voy a casa a _____.

EJERCICIO 5. *Datos personales* (Personal Facts)

Tell us a bit about the following people by completing the
sentences below with *ser* or *estar*, as appropriate.

1. Luisa _____ de Puerto Rico. Ahora _____ en Nueva
   York.

2. El señor Gómez _____ español. _____ profesor de
   inglés.

3. Felipe _____ estudiante. Ahora _____ en la
   biblioteca.

4. Teresa _____ en México pero no _____ mexicana.

5. Los primos de Clara _____ en la iglesia. _____
   católicos.

6. Yo _____ en el café. No _____ en casa.

7. La Sra. García _____ dentista. No _____
   farmacéutico (*pharmacist*).

EJERCICIO 6. *Lógica*

Complete the sentences below with the suggested words that fit
most logically.

1. No tengo dinero. Necesito _____ para asistir

   a la universidad.

   a. una beca   b. una cinta   c. una nota

2. ¿Qué _____ esperan Uds. sacar en el examen?

   a. tarea   b. nota   c. respuesta

3. Cristina toma _____ con un bolígrafo.

   a. cuadernos   b. notas   c. apuntes

4. ¿Es muy difícil _____ para mañana?

   a. la tarea   b. el reloj   c. el escritorio

5. Roberto _____ sus libros. ¿Dónde están?

   a. busca   b. aprende   c. saca

6. No _____ porque no comprendo la pregunta.

   a. leo   b. repaso   c. contesto

7. Tenemos una buena profesora. Ella _____ bien.

   a. aprende   b. pregunta   c. enseña

8. Se venden periódicos en _____.

   a. la tienda   b. el escritorio   c. el cuaderno

51

Unidad II: Otras perspectivas

AUMENTE SU VOCABULARIO

Nouns that end in -y (but not -ty) in English often have Spanish cognates ending in -io and -ia or -ío and -ía. Two examples are *matrimonio* and *familia*.

Give the English equivalents of the following Spanish words.

historia _____

tragedia _____

melodía _____

agonía _____

ceremonia _____

energía _____

memoria _____

compañía _____

miseria _____

diccionario _____

diario _____

comedia _____

Spanish and English have many cognate verbs. Two examples are
entrar and *usar*. Here are some other regular verbs:

conversar	depender	decidir
formar	ofender	existir
preparar	responder	ocurrir

Complete the sentences below with these verbs, following the
model.

MODELO   Me gusta ___*conversar*___ con mis amigos.

1. Los buenos estudiantes _____ a todas las preguntas.

2. ¿_____ una forma de vida (*life*) en el planeta

   Marte?

3. Tengo que _____ la lección para mañana.

4. Aquí _____ muchas cosas (*things*) misteriosas.

5. Tenemos que usar las palabras para _____ una

   frase completa.

6. No quiero _____ a tus amigos.

7. ¡Ay, es muy difícil _____ cuál me gusta más!

8. Alejandro es independiente. No _____ de sus

   padres.

UNIDAD II (LECCIONES 4-6): VOCABULARIO ACTIVO

SUSTANTIVOS MASCULINOS   Masculine Nouns

abuelo	*grandfather*
abuelos	*grandparents*
almacén	*department store*
apartamento	*apartment*
apuntes	*notes*
artículo	*article*
bolígrafo	*pen*
café	*café; coffee*
centro	*downtown*
centro deportivo	*sports center*
cine	*movies, movie theater*
compañero de clase	*classmate* (male)
cuaderno	*notebook*
cuñado	*brother-in-law*
disco	*record*
dulce	*(piece of) candy*
ejercicio	*exercise*
escritorio	*desk*
esposo	*husband*
estadio	*stadium*
estudios	*studies*
examen (exámenes)	*exam, test*
fin de semana	*weekend*
gato	*cat*
helado	*ice cream*
hermanos	*brothers; brothers and sisters*
hijo	*son*
hijos	*sons; sons and daughters*
laboratorio	*laboratory*
lápiz	*pencil*
libro	*book*
lugar	*place*
museo	*museum*
niño	*child* (male)
niños	*children*
nombre	*name*
padre	*father*
padres	*parents*
país	*country* (nation)
pan	*bread*
papá	*dad*
papel	*paper*
partido de fútbol	*soccer game*
pastel	*cake, pastry*
periódico	*newspaper*
perro	*dog*

SUSTANTIVOS MASCULINOS (cont.)   Masculine Nouns

primo	*cousin (male)*
refresco	*soft drink*
reloj	*watch*
restaurante	*restaurant*
sándwich	*sandwich*
sobrino	*nephew*
té	*tea*
teatro	*theater*
tío	*uncle*
tíos	*aunts and uncles*
trabajo	*work*
vino	*wine*

SUSTANTIVOS FEMENINOS   Feminine Nouns

abuela	*grandmother*
agua (el agua)	*water*
beca	*scholarship*
biblioteca	*library*
cafetería	*cafeteria*
calculadora	*calculator*
carne	*meat*
carta	*letter*
casa	*house*
cerveza	*beer*
cinta	*tape*
compañera de clase	*classmate (female)*
computadora	*computer*
cuñada	*sister-in-law*
ensalada	*salad*
entrada	*ticket*
esposa	*wife*
familia	*family*
fiesta	*party*
foto (fotografía)	*photograph, picture*
fruta	*fruit*
hamburguesa	*hamburger*
hija	*daughter*
iglesia	*church*
leche	*milk*
lengua	*language*
madre	*mother*
mamá	*mom*
mañana	*morning*
máquina de escribir	*typewriter*
niña	*child (female)*
noche	*night*
nota	*grade*

SUSTANTIVOS FEMENINOS (cont.) — Feminine Nouns

noticias	*news*
página	*page*
palabra	*word*
película	*movie, film*
playa	*beach*
pregunta	*question*
prima	*cousin* (female)
residencia	*dorm*
respuesta	*answer*
revista	*magazine*
semana	*week*
sobrina	*niece*
tarde	*afternoon, evening*
tarea	*homework*
tía	*aunt*
universidad	*university*
verdura	*vegetable*

ADJETIVOS — Adjectives

grande	*big, large; great*
mayor	*older, oldest*
menor	*younger, youngest*
pequeño	*little, small*

ADJETIVOS POSESIVOS — Possessive Adjectives

mi	*my*
tu	*your* (familiar singular)
su	*his, her, its, your* (formal singular and plural), *their*
nuestro	*our*
vuestro	*your* (familiar plural)

VERBOS — Verbs

aprender	*to learn*
asistir (a)	*to attend, go to*
beber	*to drink*
buscar	*to look for*
comer	*to eat*
comprar	*to buy*
comprender	*to understand*
contestar	*to answer*
correr	*to run*
charlar	*to chat*

57

VERBOS (cont.)

	Verbs
enseñar	to teach
escribir	to write
estar	to be
estar de acuerdo (con)	to agree (with)
no estar de acuerdo (con)	to disagree (with)
estar de vacaciones	to be on vacation
invitar	to invite
ir	to go
ir a	to be going to
leer	to read
llamar (por teléfono)	to call (on the phone)
llevar	to carry, take (along)
pasar	to pass
pasar (el tiempo)	to spend (time)
preguntar	to ask
regresar (a, de)	to return (to, from)
repasar	to review
sacar	to take out, take
tener	to have
tener que + _inf_.	to have to
tomar	to take
tomar (algo)	to have (something to drink)
tomar un examen	to take a test
vender	to sell
vivir	to live

EXPRESIONES CON TENER (ie)

	Expressions with Tener
tener calor	to be hot, warm
tener frío	to be cold
tener hambre	to be hungry
tener miedo	to be afraid
tener prisa	to be in a hurry
tener razón	to be right
no tener razón	to be wrong
tener sed	to be thirsty
tener sueño	to be sleepy
tener suerte	to be lucky

ADVERBIOS

	Adverbs
ahí	there
allá	over there
aquí	here
cerca	near, nearby
lejos	far
mañana	tomorrow

PREPOSICIONES	Prepositions
antes de	*before*
cerca de	*near, close to*
después de	*after*
durante	*during*
lejos de	*far from*

CONJUNCIÓN	Conjunction
que	*that*

EXPRESIONES	Expressions
al = a + el	*to the*
del = de + el	*from the, of the*
¿de quién es... ?	*whose . . . is this? to whom does . . . belong?*
¿de dónde?	*from where?*
¿adónde?	*(to) where?*
¡vamos!	*let's go!; let's*
¡vamos a + <u>inf</u>.!	*let's . . . !*

CÓMO DECIR LA HORA	How to Tell Time
¿A qué hora... ?	*At what time . . . ?*
¿Qué hora es?	*What time is it?*
Es la una.	*It's one (o'clock).*
Son las dos.	*It's two (o'clock).*
Es mediodía.	*It's noon.*
Es medianoche.	*It's midnight.*
Son las tres y cuarto.	*It's 3:15.*
Son las cuatro y media.	*It's 4:30.*
Son las cinco menos cuarto.	*It's a quarter to five.*
Son las seis y diez.	*It's ten past six.*
Son las siete menos veinte.	*It's twenty to seven.*
Son (las diez) de la mañana.	*It's (ten) in the morning, (10) a.m.*
Son (las tres) de la tarde.	*It's (three) in the afternoon, (3) p.m.*
Son (las ocho) de la noche.	*It's (eight) at night, (8) p.m.*
por la mañana, la tarde	*in the morning, afternoon*
por la noche	*at night*

7

Problemas y soluciones

EJERCICIO 1. *Lógica*

Complete the following sentences with the appropriate form of the construction *ir a* + <u>infinitive</u> or *acabar de* + <u>infinitive</u>. Be logical in your choice of construction.

1. Tengo que ir a la biblioteca. _____ sacar libros.

2. Estamos cansados. _____ correr unos cinco kilómetros.

3. Estoy triste. _____ sacar una nota mala.

4. La Srta. Gómez no tiene dinero. _____ cobrar un cheque (*cash a check*).

5. Raúl tiene mucha hambre. _____ comer una hamburguesa.

6. Uds. no tienen sed. _____ beber refrescos.

7. Mi mamá no está en casa. _____ regresar después del trabajo.

8. Estás de buen humor. _____ de leer una novela muy divertida.

EJERCICIO 2. *¿Cómo son?*

Complete the descriptions below by filling in the blanks with *es*
or *está*, as appropriate.

1. Carlos _____ el novio de Felicia. _____ muy

   enamorado de ella.

2. Pepe _____ en casa. Hoy _____ enfermo.

3. Carmen _____ una buena estudiante. Tiene un examen pero

   no _____ nerviosa.

4. Adela _____ una chica optimista pero ahora _____

   preocupada.

5. Ricardo _____ triste porque _____ solo.

6. Ramón _____ enamorado de una chica que _____ de

   México.

7. Mi hermana _____ casada con un hombre que _____

   muy simpático.

8. Inés _____ furiosa porque su novio no _____ listo

   para la fiesta.

EJERCICIO 3. *¿Ser o estar?*

Complete the sentences below with the appropriate form of *ser* or
estar.

1. Mis tíos viven en México. _____ mexicanos.

2. Tú comprendes todo (*everything*). ¡_____ muy listo!

3. Mi abuelo tiene ochenta años. _____ viejo.

4. Bostezamos (*We are yawning*) en la clase de francés.

    _____ aburridos.

5. Ud. tiene fiebre (*fever*). _____ enfermo.

6. Mi hermana vive en Colombia con su esposo. _____

    casada.

7. Isabel tiene prisa. No _____ lista para la fiesta.

8. La profesora enseña bien. _____ interesante.

EJERCICIO 4. *Circunstancias*

Describe your feelings in certain situations by completing the
sentences below. Use your imagination . . . and only words and
expressions you have learned up to now.

1. Estoy nervioso/a cuando _____

    _____.

2. Estoy furioso/a cuando _____

    _____.

3. Estoy contento/a cuando _____

    _____.

4. Estoy cansado/a cuando _____

    _____.

5. Estoy preocupado/a cuando _____

    _____.

EJERCICIO 5.   *Una cuestión de personalidad*   (A Matter of
               Personality)

Say that the following people act according to their personality
by completing the sentences with an adverb ending in *-mente*
derived from the underlined adjective.

    MODELO   Marcos es <u>serio</u>.
              Trabaja ___*seriamente*___.

1. Los estudiantes son <u>diligentes</u>. Estudian _____.

2. Uds. son <u>lógicos</u>. Contestan _____.

3. Mi hermana es <u>prudente</u>. Maneja _____.

4. Marta es <u>sincera</u>. Expresa sus opiniones _____.

5. Eres <u>impulsivo</u>. Contestas _____.

8

¡Vacaciones, lindas vacaciones!

EJERCICIO 1. ¿Qué hacen Uds.?

Complete the answers to the following questions with the correct forms of the underlined verbs.

1. ¿Qué <u>hacen</u> Uds. durante las vacaciones?

    Yo _____ un viaje a Chile.

    Ud. _____ un viaje a Guatemala.

    Nosotros siempre _____ algo diferente.

2. ¿Con quién <u>salen</u> Uds. el fin de semana próximo?

    Yo _____ con mis amigos.

    Mi hermana _____ con su novio.

    Mis primas no _____.

3. ¿A qué hora <u>vienen</u> Uds. a mi casa?

    Yo _____ a mediodía.

    Felipe y Claudia _____ a las dos y media.

    Tú _____ después del partido de fútbol.

4. ¿Qué _traen_ Uds. a la fiesta?

Paco _____ su guitarra.

Yo _____ discos.

Nosotros _____ un pastel.

5. ¿_Oyen_ Uds. algo?

Nosotros _____ un ruido (_noise_).

Pepe _____ música.

Yo no _____ nada (_nothing_).

6. ¿Qué tipo de música _ponen_ Uds.?

Yo _____ música clásica.

Mis primas _____ música moderna.

De vez en cuando, nosotros _____ un disco

de "jazz".

EJERCICIO 2. _Expresión personal_

Answer the following questions in complete sentences.

1. ¿Conoce Ud. Puerto Rico? ¿Conoce México?

_____.

2. ¿Conoce Ud. un buen restaurante cerca de la universidad?
   ¿Cómo se llama?

_____.

3. ¿Va a hacer un viaje durante las vacaciones? ¿Adónde?

_____.

4. ¿Sale Ud. mucho los fines de semana? ¿Con quiénes? ¿Adónde?
   ¿Cuándo descansa?

   _____

   _____.

EJERCICIO 3. *¡No!*

Paco is in a bad mood; consequently, he answers Marta's
questions negatively. Write out his answers, using the
appropriate negative constructions.

    MODELO   Marta: ¿Qué lees?
              Paco: *No leo nada.*

1. Marta: ¿Qué miras? Paco: _____.

2. Marta: ¿Qué comes? Paco: _____.

3. Marta: ¿A quién invitas a la fiesta? Paco: _____

   _____.

4. Marta: ¿Con quién sales? Paco: _____.

5. Marta: ¿Tienes algunos discos buenos? Paco: _____

   _____.

6. Marta: ¿Tienes algunas revistas interesantes? Paco:

   _____.

67

EJERCICIO 4. *Mucho depende del tiempo*

Complete the following sentences with descriptions of the weather.

1. Esquiamos (*We ski*) cuando _____.

2. No salgo de casa cuando _____.

3. No vamos a la playa cuando _____.

4. En invierno _____ en Alaska.

5. En los países tropicales _____ en verano.

6. Voy a comprar un suéter (*sweater*) porque _____.

EJERCICIO 5. *La palabra lógica*

Complete the sentences below with the words or expressions that fit most logically.

1. Mi estación preferida es _____.

   a. el sol   b. la primavera   c. el tren

2. Si hace _____, vamos a nadar.

   a. viento   b. calor   c. frío

3. No vamos a salir de casa porque _____ mucho.

   a. llueve   b. camina   c. maneja

4. El Sr. Camacho va al aeropuerto para tomar

   _____ para Santiago.

   a. el barco   b. el avión   c. el tren

5. En los países (*countries*) tropicales, llueve mucho pero

   nunca _____.

   a. nieva   b. hace sol   c. hace mal tiempo

68

6. ¿Qué _____ traes tú en la maleta?

   a. cosas   b. compras   c. barcos

7. En el verano, no hacemos nada. _____ de

   las vacaciones.

   a. Descansamos   b. Hacemos   c. Disfrutamos

8. Si hace buen tiempo, voy a _____ por la playa.

   a. comprar   b. viajar   c. caminar

9. En los Estados Unidos, un Toyota es un coche _____.

   a. extranjero   b. viejo   c. grande

10. _____ sale de la estación a las dos y media.

   a. El tren   b. El avión   c. Buen viaje

9

Un regalo especial

EJERCICIO 1.   *¿Sí o no?*

Read about the following people. Then say what they do or do not do by using the appropriate <u>affirmative</u> or <u>negative</u> form of the verbs in parentheses.

1. (pensar)

   Roberto está enamorado. _____ a menudo en su novia.

   Los estudiantes son perezosos. _____ en el examen.

   Nosotros estamos preocupados. _____ mucho en nuestros problemas.

2. (perder)

   Estás furiosa. _____ la paciencia.

   Andrés es un buen estudiante. _____ tiempo.

3. (querer)

   Estamos cansados. _____ salir.

   Uds. trabajan mucho. _____ ganar dinero para las vacaciones.

71

4. (dormir)

El Sr. Ramos está preocupado. _____ bien.

No tenemos problemas. _____ muy bien.

5. (poder)

Tengo un examen mañana. _____ salir contigo.

No tenemos dinero. _____ comprar un regalo.

Ud. tiene un tocadiscos. _____ escuchar mis

discos.

EJERCICIO 2. *El verbo lógico*

Complete the sentences below with the appropriate forms of the
verbs in the box. Be logical in your choice of verb.

costar	encontrar	poder	recordar
dormir	pensar	querer	volver
empezar	perder		

1. No tengo buena memoria. No _____ el nombre de

   tu amigo. ¿Cómo se llama?

2. ¡Qué egoísta eres tú! ¡_____ únicamente en ti

   mismo (*yourself*)!

3. La pulsera _____ 50.000 pesos. ¡Es muy cara!

4. ¿Sabes cuándo _____ las vacaciones de verano?

5. Ricardo, ¿qué _____ tú para tu cumpleaños? ¿un

   estéreo o una grabadora?

6. ¿A qué hora _____ Uds. a casa? ¿a las diez o a

   las once?

7. Yo no _____ mi cartera. ¿Sabes dónde está?

8. No necesito somníferos (*sleeping pills*). ¡_____

   muy bien!

9. Uds. _____ el tiempo. ¡Tienen que estudiar más!

10. Tenemos mucha tarea para mañana y no _____ ir

   al cine con Uds.

EJERCICIO 3.   *¿Qué saben?*

Complete the following sentences by filling in the blanks with
the appropriate forms of *conocer* and *saber*.

1. Felipe _____ a Carmen pero no _____

   dónde vive.

2. ¿_____ Ud. al hermano de Teresa?

   ¿_____ cuándo va a regresar?

3. Uds. _____ a mi prima Luisa, ¿verdad?

   ¿_____ que es la presidenta de un club de tenis?

4. Nosotros _____ que Clara tiene una prima muy

   guapa, pero no _____ a su prima.

5. Tú _____ dónde trabajo, ¿verdad? Pero,

   ¿_____ a las chicas con quiénes trabajo?

6. Yo _____ varios restaurantes baratos, pero

   no _____ si son buenos.

7. Mi hermano _____ a una chica que

_____ hablar japonés.

8. Yo _____ que tú no _____

escribir a máquina.

Unidad III: Otras perspectivas

AUMENTE SU VOCABULARIO

Many Spanish cognates differ from their English equivalents in spelling. The English ph becomes f in Spanish, th becomes t, and cognates that begin with st or sc in English usually begin with est or esc in Spanish. Words with double consonants like ff, ll, nn, and ss in English have single consonants in Spanish.

telephone	←——→	teléfono		theater	←——→	teatro
stadium	←——→	estadio		difficult	←——→	difícil
anniversary	←——→	aniversario		necessary	←——→	necesario

Give the Spanish equivalents of the following English words.

mathematics _____   stereo _____

intelligent _____   philosophy _____

photo _____   professor _____

anthropology _____   studies _____

student _____   station _____

excellent _____   cathedral _____

AUMENTE SU VOCABULARIO UN POCO MÁS

Adjectives that end in -ious in English sometimes have Spanish cognates ending in *-oso/osa* or simply *-o/a*. For example: religious = *religioso*, serious = *serio*.

Use the following words to describe yourself or someone or something.

MODELO   *El presidente de los Estados Unidos es un hombre famoso.*

curioso	ambicioso	delicioso	famoso	tremendo
estupendo	frívolo	espontáneo	ridículo	impetuoso

_____

_____

_____

_____

_____

UNIDAD III (LECCIONES 7-9): VOCABULARIO ACTIVO

SUSTANTIVOS MASCULINOS	Masculine Nouns
aeropuerto	*airport*
autobús	*bus*
avión	*plane, airplane*
barco	*ship, boat*
coche	*car*
estéreo	*stereo set*
invierno	*winter*
otoño	*autumn*
perfume	*perfume*
regalo	*gift, present*
suéter	*sweater*
tiempo	*weather*
tocadiscos	*record player*
tren	*train*
verano	*summer*
viaje	*trip, voyage*

SUSTANTIVOS FEMENINOS	Feminine Nouns
bicicleta	*bicycle*
blusa	*blouse*
cámara	*camera*
camisa	*shirt*
cartera	*wallet*
corbata	*tie*
cosa	*thing*
estación	*station; season*
estación de tren	*train station*
flor	*flower*
grabadora	*tape recorder*
maleta	*suitcase*
motocicleta (moto)	*motorcycle*
planta	*plant*
primavera	*spring*
pulsera	*bracelet*
ropa	*clothes, clothing*
sorpresa	*surprise*
tarjeta	*card*

ADJETIVOS

aburrido	*bored*
alegre	*happy, cheerful*
barato	*cheap, inexpensive*
cansado	*tired*
caro	*expensive*
casado	*married*
contento	*contented, happy*
curioso	*strange, curious; rare*
de buena salud	*in good health, healthy*
de buen humor	*in a good mood*
de mal humor	*in a bad mood*
descansado	*rested*
enamorado	*in love*
enfermo	*sick*
enojado	*angry*
extranjero	*foreign*
furioso	*furious*
juntos	*together*
listo	*ready*
no listo	*unprepared, not ready*
nervioso (por)	*nervous (about)*
nuevo	*new*
ocupado	*busy*
preocupado (por algo)	*worried (about something)*
solo	*alone, by oneself*
soltero	*single, unmarried*
tranquilo	*calm, relaxed*
triste	*sad, unhappy*
viejo	*old*

VERBOS

acabar de	*to finish*
acabar de (+ <u>inf</u>.)	*to have just*
caminar	*to walk; to go*
conocer	*to know, be acquainted with*
costar (ue)	*to cost*
descansar	*to rest*
disfrutar	*to enjoy*
dormir (ue)	*to sleep*
empezar (ie)	*to start, begin*
empezar a (+ <u>inf</u>.)	*to begin to, start to*
encontrar (ue)	*to find; to meet*
esperar	*to wait (for)*
hacer	*to do; to make*
hacer compras	*to go shopping*
hacer la maleta	*to pack the suitcase*
hacer preguntas	*to ask questions*

VERBOS (cont.)	Verbs
hacer un viaje	*to take a trip*
ir, viajar en avión	*to go, travel by plane*
llover (ue)	*to rain*
nevar (ie)	*to snow*
oír	*to hear*
pensar (ie)	*to think*
pensar (de)	*to think of*
pensar (en)	*to think about*
pensar (+ <u>inf</u>.)	*to intend to; to plan to*
perder (ie)	*to lose; to miss*
perder tiempo	*to waste time*
poder (ue)	*to be able; can*
poner	*to put, place*
querer (ie)	*to love; to want*
reconocer	*to recognize*
recordar (ue)	*to remember*
regresar	*to return*
saber	*to know*
saber (+ <u>inf</u>.)	*to know how to*
salir	*to go out, leave*
ser soltero	*to be single, unmarried*
tener... años	*to be . . . (years old)*
tener ganas de	*to feel like*
traer	*to bring*
venir (ie)	*to come*
volver (ue)	*to return*

ADVERBIOS	Adverbs
a veces	*sometimes*
de vez en cuando	*from time to time, once in a while*
entonces	*then*
solamente	*only*
todavía	*still, yet*
-mente	*-ly*

CONJUNCIÓN	Conjunction
si	*if*

PRONOMBRE RELATIVO	Relative Pronoun
que	*who, whom, which, that*

PREPOSICIONES	Prepositions
para	*for*
para (+ <u>inf</u>.)	*in order to*

EXPRESIONES AFIRMATIVAS Y NEGATIVAS	Affirmative and Negative Expressions
algo (que hacer)	*something, anything (to do)*
alguien	*someone, anyone*
alguno (algún)	*some, any*
nada (que hacer)	*nothing, not anything (to do)*
nadie	*nobody, no one, not anyone*
ni... ni	*neither . . . nor*
ninguno (ningún)	*none, not any, no*
nunca	*never*
o... o	*either . . . or*
siempre	*always*
tampoco	*neither, not either*

CÓMO DESCRIBIR EL TIEMPO	How to Describe the Weather
¿Qué tiempo hace?	*How's the weather?*
Hace buen tiempo.	*It's good (weather).*
Hace calor.	*It's hot.*
Hace fresco.	*It's cool.*
Hace frío.	*It's cold.*
Hace mal tiempo.	*It's bad (weather).*
Hace sol.	*It's sunny.*
Hace viento.	*It's windy.*
Llueve.	*It's raining. It rains.*
Nieva.	*It's snowing. It snows.*

10

Un encuentro en un café

EJERCICIO 1. *De compras* (Shopping)

While she is shopping, Raquel gives her opinions about various items. Express these opinions, using the noun suggested by the picture and the appropriate form of the demonstrative and descriptive adjectives.

MODELO   Ese
           (corto)   *Esa falda es corta.*

1. Ese

    a. (elegante) _____

       _____.

    b. (caro) _____

       _____.

    c. (bonito) _____

       _____.

81

2. Aquel

   a. (largo) _____

      _____ .

   b. (feo) _____

      _____ .

   c. (lindo) _____

      _____ .

3. Este

   a. (caro) _____

      _____ .

   b. (barato) _____

      _____ .

   c. (divino) _____

      _____ .

EJERCICIO 2. *Ropa para cada ocasión*

Describe the clothes that you and others wear at certain times.
Be as complete as possible in your descriptions. In the last
two sentences, give the colors of the clothing.

1. Cuando voy a la playa, llevo _____

   _____ .

2. Cuando hace frío, llevo _____

   _____ .

3. Cuando voy a una fiesta, llevo _____

   _____ .

4. Cuando juego al tenis, llevo _____

_____.

5. Hoy llevo _____

_____.

6. Hoy el profesor/la profesora lleva _____

_____.

7. Cuando nieva, la gente lleva _____

_____.

8. Cuando llueve, la gente lleva _____

_____.

EJERCICIO 3. *Diálogo*

Complete Susana's answers to Ricardo's questions. Use direct
object pronouns.

Ricardo	*Susana*
MODELO ¿Invitas a María?	Sí, _____*la invito*_____ .
1. ¿Conoces a Clara?	No, _____ .
2. ¿Conoces a mis primos?	Sí, _____ .
3. ¿Ayudas a tus padres?	Sí, _____ .
4. ¿Lees el periódico todos los días?	Sí, _____ .
5. ¿Ves a menudo a tu novio?	Sí, _____ .

83

6. ¿Compras esas gafas de sol?   No, _____.

7. ¿Esperas el autobús?   No, _____.

8. ¿Vas a llevar esos zapatos?   Sí, _____.

9. ¿Vas a manejar el coche de Luis? Sí, _____.

10. ¿Vas a cuidar a tus hermanos?   No, _____.

EJERCICIO 4.   *Preguntas personales*

Answer the following questions, using object pronouns.

1. Este fin de semana, ¿va Ud. a invitar a sus amigos a una
   fiesta?

   _____.

2. ¿Va Ud. a visitar a sus abuelos durante las vacaciones?

   _____.

3. ¿Lo/La comprenden a Ud. sus padres?

   _____.

4. ¿Lo/La ayudan a Ud. sus profesores?

   _____.

EJERCICIO 5. *El verbo lógico*

Complete the sentences below with the appropriate form of the present tense of the verbs in the box. Be logical in your choice of verbs.

ayudar	deber	llevar
creer	dejar	sentir
cuidar	llegar	ver

1. Miramos la televisión. _____ una película de ciencia ficción.

2. El Sr. Fonseca es un hombre moderno que siempre _____ a su esposa cuando ella trabaja en la cocina (*kitchen*).

3. La doctora Orozco es una buena dentista. _____ muy bien los dientes (*teeth*) de sus pacientes.

4. Paco, antes de ir a la fiesta, tú _____ hacer la tarea.

5. El señor Hernández _____ el sombrero y el abrigo en el guardarropa (*checkroom*) antes de entrar en el restaurante.

6. El tren _____ a la estación a las tres y sale a las tres y cinco.

7. Carmen, ¡tú _____ un vestido muy elegante!

8. ¿Estás enfermo? ¡Yo lo _____ mucho!

9. Nosotros no te _____ porque no tienes razón.

85

11

¿Qué clase de amigo es Ud.?

EJERCICIO 1. *La lotería*

The following numbers have been drawn in the lottery. Write in their corresponding numerical equivalents.

MODELO   ciento dos   _102_

1. quinientos doce   _____

2. novecientos veinticuatro   _____

3. ciento sesenta y uno   _____

4. cuatrocientos cincuenta   _____

5. dos mil   _____

6. setecientos ochenta   _____

7. trescientos diecinueve   _____

8. quinientos cuarenta   _____

9. seiscientos setenta y dos _____

10. doscientos diez   _____

11. mil ciento cuatro   _____

12. dos mil quinientos uno   _____

EJERCICIO 2.   *¿Cuánto?*

Complete the sentences below by writing out the numbers in parentheses.

1. (200)   El abrigo cuesta _____ dólares.

2. (500)   Las entradas (*tickets*) cuestan

   _____ pesetas.

3. (900)   La revista cuesta _____ pesos.

4. (10.000)   El coche cuesta _____ dólares.

5. (1.700)   La corbata cuesta _____ pesetas.

EJERCICIO 3.   *¿Qué hacen?*

Describe what the following people are doing by completing the sentences with the appropriate form of the verb in parentheses.

1. (dar)

   Yo _____ una fiesta.

   Uds. _____ un paseo por la playa.

   El cine _____ una película de ciencia ficción.

2. (decir)

   Uds. _____ mentiras de vez en cuando.

   Yo siempre _____ la verdad.

   El profesor _____ que es importante hablar

   español bien.

   Nosotros _____ que es fácil.

3. (servir)

Este restaurante _____ especialidades
mexicanas.

Yo _____ el café.

Nosotros _____ los pasteles.

EJERCICIO 4. *Los amigos de Isabel*

Isabel is very friendly with certain people and less friendly with
others. Describe aspects of her relationships with the people
named in parentheses by completing the sentences below with the
appropriate <u>direct or indirect object pronouns</u>.

     MODELO   (María) ____*La*____ invita al cine a menudo.

1. (Paco) Siempre _____ escribe durante las vacaciones.

2. (el hermano de María) _____ llama por teléfono de vez
en cuando.

3. (los primos de Paco) _____ presta su tocadiscos a
menudo.

4. (Antonio y Rubén) Siempre _____ manda tarjetas.

5. (Carlos) Nunca _____ pide consejos.

6. (Luisa) _____ ayuda siempre.

7. (mis amigas) _____ da un beso.

8. (su novio) Siempre _____ dice la verdad.

9. (Ud.) _____ escribe para su cumpleaños.

10. (Uds.) Nunca _____ da nada.

11. (yo) _____ da buenos consejos.

12. (tú) _____ muestra sus fotos.

EJERCICIO 5. *El verbo lógico*

Complete the following sentences with the appropriate present-tense forms of the verbs that fit logically.

1. Ana María les _____ su novio a sus amigas

   porque ellas no lo conocen.

   a. prestar   b. presentar   c. prometer

2. Margarita le _____ una tarjeta a su primo

   que vive en Barcelona.

   a. mandar   b. mostrar   c. deber

3. No te creo porque tú nunca _____ la verdad.

   a. deber   b. decir   c. dar

4. Roberto necesita dinero. Le _____ 10.000

   pesos a su hermano.

   a. deber   b. prestar   c. pedir

5. Ramón y Teresa no están en casa. _____ un

   paseo por el centro.

   a. decir   b. deber   c. dar

6. Elena le _____ a Arturo las fotos que acaba

   de sacar con su nueva cámara.

   a. mostrar   b. presentar   c. escribir

7. Por favor, ¿puedes pagarme (*pay me*) los veinte dólares que

   tú me _____?

   a. prestar   b. deber   c. servir

8. Arturo es un chico generoso que siempre les _____

   sus cosas a sus amigos.

   a. mandar   b. prestar   c. presentar

12

Un partido de tenis

EJERCICIO 1.   *En el club deportivo*

Describe the sports that you and your friends enjoy by completing the sentences with the appropriate forms of *jugar*.

1. Consuelo _____ al tenis.

2. Yo _____ al fútbol.

3. Nosotros _____ en un equipo (*team*) muy

   bueno.

4. Roberto y Emilio _____ al béisbol.

5. Uds. _____ al básquetbol.

6. Ud. _____ al vólibol.

91

EJERCICIO 2.   *¡Por favor!*

Enrique always asks favors of Susana. Play the role of Enrique, using the verbs in parentheses and the appropriate pronouns. Follow the model.

MODELO   Susana: Tengo un coche nuevo.
         Enrique: (prestar)   *¿Me lo prestas?*

1. Susana: Tengo revistas interesantes.

   Enrique: (prestar) _____.

2. Susana: Tengo una foto de mi prima.

   Enrique: (mostrar) _____.

3. Susana: Tengo discos de "jazz" que no escucho.

   Enrique: (vender) _____.

4. Susana: Tengo el número de teléfono de Rafael.

   Enrique: (dar) _____.

5. Susana: Tengo la dirección de Ana en casa.

   Enrique: (mandar) _____.

6. Susana: Tengo una amiga muy simpática.

   Enrique: (presentar) _____.

EJERCICIO 3. *¿A María o a Guillermo?*

Alberto has two good friends: María, who likes sports, and
Guillermo, who likes music. Indicate to whom he is giving,
lending, or showing the following items. Use pronouns, as in
the model.

> MODELO   ¿A quién le presta su tocadiscos?
> *Se lo presta a Guillermo.*

1. ¿A quién le muestra su nueva raqueta de tenis?

   _____.

2. ¿A quién le da sus cintas?

   _____.

3. ¿A quién le presta sus esquís (*skis*)?

   _____.

4. ¿A quién le muestra su banjo?

   _____.

5. ¿A quién le da sus pelotas de tenis?

   _____.

6. ¿A quién le presta su guitarra?

   _____.

EJERCICIO 4. *¿Sí o no?*

Express your opinions about the following topics in <u>affirmative</u>
or <u>negative</u> sentences. Be sure to use the appropriate definite
articles.

    MODELO   ropa elegante / ¿costar mucho?
              La ropa elegante (no) cuesta mucho.

1. atletas profesionales / ¿ganar demasiado dinero?

    _____.

2. básquetbol y vólibol / ¿ser deportes violentos?

    _____.

3. chicas / ¿manejar bien?

    _____.

4. justicia / ¿ser una ilusión?

    _____.

EJERCICIO 5. *Cada uno a su gusto*

Everyone has preferences. Complete the sentences below with the
appropriate form of the *me gusta* construction. Follow the model.

    MODELO   A Elena _____*le gustan*_____ los deportes.

1. A Clara _____ los chicos rubios.

2. A Pedro _____ las chicas morenas.

3. A mis amigas _____ los coches rápidos.

4. A mis primos _____ la música clásica.

5. A mí _____ la moda europea.

94

6. A ti _____ la primavera.

7. A nosotros _____ el otoño.

8. A Ud. _____ la ropa oscura.

9. A Uds. _____ los colores claros.

EJERCICIO 6.   *¡Ay, qué dolor!*

The following people are in pain. Complete each of the sentences logically with the appropriate form of the *me duele(n)* construction and a noun from the box below.

los dedos	los ojos	las orejas
los dientes	los pies	las piernas
el estómago	la cabeza	

MODELO   Cuando comemos demasiado, <u>*nos duele el estómago*</u> .

1. Isabel acaba de correr unos diez kilómetros y ahora

   _____.

2. Los zapatos que llevo son muy estrechos (*tight*) y

   _____.

3. Voy al dentista porque _____.

4. La Sra. Fernández necesita gafas para leer. Cuando no las

   usa, _____.

5. ¿Por qué necesita Ud. aspirina?

   _____.

95

6. A Elena le gusta tocar la guitarra, pero cuando toca

   demasiado, _____.

7. ¡Ay, qué frío! A mí _____

   porque no tengo gorro (*ski cap*).

EJERCICIO 7. *¿Y Ud.?*

Complete the sentences below with a personal opinion.

1. En la universidad me interesa(n) _____.

   No me interesa(n) _____.

2. Ahora, me importa(n) mucho _____.

   No me importa(n) _____.

3. Me molesta(n) _____.

   No me molesta(n) _____.

4. Me duele(n) _____ cuando

   _____.

Unidad IV: Otras perspectivas

AUMENTE SU VOCABULARIO

In Spanish, many nouns and adjectives end in -o, -a, or -e.
Some of these are related to English words that end in <u>-e</u> or in
a consonant.

patriot<u>a</u> ◄──► patriot<u>ic</u>   el entusiasm<u>o</u> ◄──► enthusias<u>m</u>

respectiv<u>o</u> ◄─► respectiv<u>e</u>   el moment<u>o</u> ◄──► momen<u>t</u>

Combine the following lists of nouns and adjectives to create
original expressions.

MODELO   *el atleta furioso*

1. _____ el grupo   completo

2. _____ el instante   atractivo

3. _____ el momento   doméstico

4. _____ el centro   económico

5. _____ el mérito   tranquilo

6. _____ el defecto   plácido

7. _____ el participante tímido

8. _____ el humano   fantástico

9. _____ el pesimismo   absurdo

10. _____ el futuro   reciente

AUMENTE SU VOCABULARIO UN POCO MÁS

Many Spanish adjectives that end in -ante or -ente correspond to
English adjectives ending in -ant or -ent.

   importante   important   *inteligente*   intelligent

   elegante   elegant   *paciente*   patient

Supply the proper endings for the following Spanish adjectives,
and use each of them to describe a person, place, or thing.

1. toler_____ _____

2. difer_____ _____

3. persist_____ _____

4. arrog_____ _____

5. ambival_____ _____

6. impaci_____ _____

7. independi_____ _____

8. brill_____ _____

9. dilig_____ _____

10. abund_____ _____

SUSTANTIVOS MASCULINOS

Masculine Nouns

abrazo	*hug, embrace*
abrigo	*coat, overcoat*
aficionado	*fan (male)*
atleta	*athlete (male)*
baloncesto	*basketball*
básquetbol	*basketball*
béisbol	*baseball*
beso	*kiss*
brazo	*arm*
calcetines	*socks*
campeón	*champion (male)*
color	*color*
consejo	*advice, piece of advice*
cuerpo	*body*
dedo	*finger*
dientes	*teeth*
equipo	*team*
estómago	*stomach*
fútbol	*soccer*
guantes	*gloves*
impermeable	*raincoat*
jeans	*jeans*
jugador	*player (male)*
número de teléfono	*telephone number*
ojos	*eyes*
pantalones	*pants*
partido	*game, match*
pelo	*hair*
pie	*foot*
resultado	*score*
sombrero	*hat*
tenis	*tennis*
traje	*suit*
traje de baño	*bathing suit*
vestido	*dress*
vólibol	*volleyball*
zapatos	*shoes*
zapatos de tenis	*sneakers, tennis shoes*

SUSTANTIVOS FEMENINOS — Feminine Nouns

aficionada	*fan (female)*
amistad	*friendship*
atleta	*athlete (female)*
boca	*mouth*
botas	*boots*
cabeza	*head*
camiseta	*T-shirt*
campeona	*champion (female)*
cancha	*court*
cara	*face*
cita	*date; appointment*
corbata	*tie*
chaqueta	*jacket*
dirección	*address*
espalda	*back*
falda	*skirt*
felicitaciones	*congratulations*
gafas	*glasses*
gafas de sol	*sunglasses*
jugadora	*player (female)*
mano	*hand*
medias	*stockings*
mentira	*lie*
moda	*fashion*
nariz	*nose*
oreja	*ear*
pelota	*ball*
pierna	*leg*
raqueta	*racket*
tontería	*foolish thing, nonsense*
verdad	*truth*

ADJETIVOS — Adjectives

amarillo	*yellow*
azul	*blue*
blanco	*white*
cierto	*certain*
claro	*light*
corto	*short*
gris	*gray*
largo	*long*
marrón	*brown*
mejor	*better, best*
mismo	*same*
negro	*black*
oscuro	*dark*
preferido	*favorite*

ADJETIVOS (cont.)	Adjectives
próximo	*next*
rojo	*red*
último	*last*
varios	*various; several*
verde	*green*
violeta	*purple*

ADJETIVOS DEMOSTRATIVOS	Demonstrative Adjectives
aquel	*that* (over there)
aquél	*that one* (over there)
ese	*that*
ése	*that one*
este	*this*
éste	*this one*

VERBOS	Verbs
admirar	*to admire*
ayudar	*to help*
creer (que)	*to believe (that)*
cuidar	*to take care of*
dar	*to give*
dar la mano (a)	*to shake hands (with)*
dar un paseo (por)	*to take a walk (through)*
deber	*to owe*
deber (+ inf.)	*should, ought to*
decir (i)	*to say, tell*
decir que sí, que no	*to say yes, no*
dejar	*to leave*
entrar (en)	*to enter*
esquiar	*to ski*
ganar	*to win*
hacer una pregunta	*to ask a question*
jugar (ue)	*to play (a sport, a game)*
llegar	*to arrive*
llevar	*to wear*
mandar	*to send*
mostrar (ue)	*to show*
obtener (ie)	*to get, obtain*
ofrecer	*to offer*
pedir (i)	*to ask for, request; to order*
preferir (ie)	*to prefer*
presentar	*to introduce*
prestar	*to lend, loan*
prometer	*to promise*
recibir	*to receive, get*
repetir (i)	*to repeat*

101

VERBOS (cont.)	Verbs
sentir (ie)	*to regret; to be sorry*
servir (i)	*to serve*
ver	*to see*

EXPRESIONES COMO <u>ME GUSTA</u>	Expressions Like <u>me gusta</u>
me duele(n)...	*. . . hurt(s) me*
me gusta(n)	*I like*
me gusta(n) más	*I like better, I prefer*
me importa(n)	*I care about*
me interesa(n)	*I am interested in*
me molesta(n)...	*. . . bother(s) me*

ADVERBIOS	Adverbs
a tiempo	*on time*
pronto	*soon*
tarde	*late*
temprano	*early*

PREPOSICIONES	Prepositions
contra	*against*
entre	*between, among*
sin	*without*

EXPRESIONES	Expressions
¿De qué color es... ?	*What color is . . . ?*
pasarlo bien	*to have a good time*

PRONOMBRES PERSONALES: COMPLEMENTOS DIRECTOS E INDIRECTOS	Personal Pronouns: Direct and Indirect Objects
la	*her; it; you* (fem. formal)
las	*them; you* (fem. formal)
le	*to him; to her; to you* (masc. formal)
les	*to them; to you* (masc. formal)
lo	*him; it; you* (masc. formal); *that*
los	*them; you* (masc. formal)
me	*me; to me*
nos	*us; to us*
os	*you; to you* (familiar plural)
te	*you; to you* (familiar singular)
se	*to him; to her; to them; to you* (formal)

NUMEROS	Numbers
cien (ciento)	*100*
ciento uno	*101*
doscientos/as	*200*
trescientos/as	*300*
cuatrocientos/as	*400*
quinientos/as	*500*
seiscientos/as	*600*
setecientos/as	*700*
ochocientos/as	*800*
novecientos/as	*900*
mil	*1,000*
dos mil	*2,000*
doscientos/as mil	*200,000*
un millón	*1,000,000*
dos millones	*2,000,000*

13

¿Trabajar o descansar?

EJERCICIO 1. *El fin de semana pasado*

Complete this description of what certain people did last weekend by filling in the blanks with the appropriate <u>preterite</u> forms of the verbs in parentheses.

1. (nadar, correr) Antonio y Lucía _____ y

   _____ unos kilómetros.

2. (llamar, escribir) Carlos _____ a sus primos

   y le _____ a su novia.

3. (vender, comprar) Tú _____ tu estéreo. Con

   el dinero _____ un banjo.

4. (mirar, ver) Mis amigos _____ la televisión.

   _____ un programa deportivo.

5. (visitar, asistir) Tomás _____ un museo.

   Después, _____ a un concierto.

6. (arreglar, salir) Yo _____ mi cuarto.

   Después, _____ con mis amigos.

105

7. (mirar, beber)   Felipe y Carlos _____ la

   televisión y _____ cerveza.

8. (cocinar, comer)   Nosotros _____ una paella

   y después la _____.

EJERCICIO 2.   *¿Y Ud.?*

Say whether or not you did the following things last weekend.
Be sure to use the *yo* forms of the <u>preterite</u> of the verbs.

1. (sacar fotos) _____.

2. (jugar al tenis) _____.

3. (empezar a trabajar en la biblioteca) _____

   _____.

4. (almorzar en un restaurante mexicano) _____

   _____.

5. (tocar la guitarra) _____.

6. (empezar una novela) _____.

7. (buscar un libro en la biblioteca) _____

   _____.

EJERCICIO 3. *Hoy y ayer*

There are some things we do every day, but we do not always do them in the same way nor at the same time. Describe what happened yesterday by filling in the blanks with the appropriate <u>preterite</u> forms of the underlined verbs.

	Hoy	*Ayer*
MODELO	Carlos <u>juega</u> al vólibol.	_____*Jugó*_____ al tenis.

1. El profesor nos <u>muestra</u> una película. | _____ diapositivas. (*slides*).

2. <u>Pienso</u> en Adela. | _____ en Alicia.

3. Mis amigos <u>piensan</u> en el trabajo. | _____ en las vacaciones.

4. Antonio <u>pierde</u> tiempo. | _____ la paciencia.

5. Tú <u>almuerzas</u> en la cafetería. | _____ en casa.

6. Felipe <u>vuelve</u> temprano. | _____ tarde.

7. <u>Encuentro</u> a mis amigos en la plaza San Martín | Los _____ en un café.

8. <u>Empiezas</u> el trabajo a las ocho. | _____ a las nueve.

107

EJERCICIO 4. *Anoche*

Say what the following people did last night by completing the sentences with the <u>preterite</u> form of the verb in parentheses.

1. (leer)

    Mi papá _____ el periódico.

    Mis amigas _____ las historietas (*comics*).

    Yo _____ una novela.

    Marta _____ la carta de su novio.

2. (dar)

    Nosotros _____ un paseo por el parque.

    Alicia y Carmen _____ una fiesta.

    Tú le _____ un beso a tu novia.

3. (ver)

    Bernardo _____ a María.

    Uds. _____ una película francesa.

    Nosotros _____ a nuestros amigos.

EJERCICIO 5. *El verbo lógico*

Complete the sentences below using the appropriate <u>preterite</u> forms of the following verbs. Be logical in your choice.

almorzar	lavar
arreglar	limpiar
cenar	pintar
cocinar	

1. Para la cena, el Sr. Ramos _____ una paella

   deliciosa para toda la familia.

2. El fin de semana pasado, nosotros _____ la

   sala de amarillo.

3. El mecánico _____ los frenos (*brakes*) de mi

   coche.

4. La clase terminó (*ended*) a las doce y media. Después de

   la clase, los estudiantes _____ en la

   cafetería de la universidad.

5. Después del almuerzo, nosotros _____ los

   platos.

6. A las siete, miramos las noticias (*news*) en la televisión

   y después _____ en el comedor.

7. Yo _____ la mesa con una esponja (*sponge*).

14

Una conversación familiar

EJERCICIO 1. *¿Adónde fueron?*

Read what the following people like to do. Then write down where each one went last weekend, using the nouns in the box.

la biblioteca	una discoteca	un restaurante
el cine	el estadio	una tienda
un concierto	la playa	

MODELO   A Paco le gusta leer novelas.
Paco fue a la biblioteca.

1. A Elena le gusta comprar ropa.

   _____.

2. A Ud. le gusta comer bien.

   _____.

3. A Uds. les gusta escuchar música.

   _____.

4. A nosotros nos gusta bailar.

   _____.

5. A ti te gustan las películas de Frankenstein.

   _____.

6. A mí me gusta nadar.

   _____.

7. A mis primos les gusta ver partidos de fútbol.

   _____.

EJERCICIO 2.   *¡Qué día!*

Yesterday was a bad day. Express what happened by completing
the sentences below with the appropriate <u>preterite</u> forms of the
verbs in parentheses.

1. (tener) Mi papá _____ un accidente. Nosotros

   _____ que estudiar mucho para el examen.

   Susana no _____ tiempo para llamar a su novio.

2. (estar) El profesor _____ de mal humor. Mis

   amigos _____ enfermos. Yo _____

   en el hospital.

3. (poder) Yo no _____ ir al cine con mis

   amigos. Tú no _____ salir con tu novia.

   Nosotros no _____ hacer nada bien.

4. (saber) Tú no _____ la hora de la cita.

   Nosotros no _____ su número de teléfono.

5. (poner) Yo no _____ dinero en el parquímetro

   (*meter*) y el policía me _____ una multa (*fine*)

   de 5.000 pesos. Mis amigos _____ dinero en la

   lotería y perdieron.

EJERCICIO 3. *Un fin de semana estupendo*

Describe the good things that happened last weekend by filling
in the blanks with the appropriate <u>preterite</u> forms of the verbs
in parentheses.

1. (venir) Mis amigos _____ a visitarme. Tú

   _____ a mi fiesta. Paco _____

   a mi casa para ayudarme.

2. (traer) Roberto le _____ flores a su novia.

   Mis amigos me _____ buenas noticias. Tú me

   _____ una carta de mi novia.

3. (hacer) Nosotros _____ un viaje. Adela nos

   _____ un pastel delicioso. Uds.

   _____ todo lo posible para ayudarme.

4. (querer) Silvia _____ salir con Ricardo. Mis

   padres _____ darme dinero. Tú

   _____ jugar al tenis conmigo.

5. (decir) Uds. me _____ la verdad. Emilio le

   _____ a Catalina que la quiere. Los

   profesores les _____ a los estudiantes que

   son brillantes.

EJERCICIO 4.   *¿Qué es importante para Ud.?*

Complete the following sentences with phrases that describe your own views and values. Use <u>infinitives</u> in your answers.

> MODELO   Es imposible ser feliz
>   sin *tener amigos (tener dinero...)*.

1. Asisto a la universidad para _____ .

2. Estudio español para _____ .

3. Quiero ganar dinero para _____ .

4. Antes de buscar un trabajo, quiero _____ .

EJERCICIO 5.   *La palabra lógica*

Complete the following sentences with the words that fit most logically.

1. El paciente está en _____ de la doctora Herrera.

   a. el ruido   b. el consultorio   c. el mercado

2. Fuimos _____ para comprar frutas y vegetales.

   a. al mercado   b. a la tienda de ropa   c. al consultorio

3. En la escuela secundaria, tenía _____ muy buenos.

   a. maestros   b. carteros   c. vecinos

4. Nuestros _____ pintaron su casa de rosada (*pink*).

   ¡Qué horror!

   a. bomberos   b. carteros   c. vecinos

5. La _____ le mostró a Clara una falda muy bonita.

   a. dependiente   b. bombera   c. enfermera

6. En el hospital San Miguel, _____ son muy amables.

   a. los carteros   b. los enfermos   c. las enfermeras

7. ¿Hay un supermercado en _____ donde vives?

   a. la tienda   b. la vecindad   c. el mercado

8. Anoche oímos _____ tremendo en la calle. No sé

   qué pasó.

   a. un ruido   b. un vecino   c. un bombero

9. _____ pudieron extinguir el incendio (*fire*) que

   ocurrió ayer en nuestra vecindad.

   a. Los maestros   b. Los bomberos   c. Los dependientes

10. _____ salen de la oficina de correos a las

    ocho de la mañana.

    a. Los carteros   b. Los enfermeros   c. Los vecinos

15

Las multas

EJERCICIO 1. *¡Buenas noches!*

Read what the following people did yesterday and then indicate whether they slept well or not by using the appropriate <u>preterite</u> forms of either *dormir bien* or *dormir mal*.

1. Uds. recibieron malas noticias. _____.

2. Alberto comió demasiado. _____.

3. Ud. bebió cinco cervezas. _____.

4. Jugamos al tenis todo el día. _____.

5. Salí bien en el examen de español. _____.

6. Recibiste buenas noticias de tus padres. _____.

7. Amelia tuvo un accidente con su bicicleta. _____.

117

EJERCICIO 2. ¿Sí o no?

Read about the following people and describe what they did or did not do. Use the appropriate affirmative or negative form of the preterite of the verb in parentheses.

1. (oír) Mi abuelo es un poco sordo (deaf). _____

    el avión.

2. (morir) Tienes una suerte extraordinaria. _____

    en ese terrible accidente de automóvil.

3. (contribuir) Esas chicas son muy inteligentes.

    _____ ideas brillantes a la conversación.

4. (construir) Mi tía es una arquitecta excelente.

    _____ muchas casas muy bonitas.

5. (servir) Mis primos son vegetarianos. _____

    carne.

6. (mentir) Dije la verdad. _____.

7. (conducir) Uds. son muy prudentes (careful).

    _____ bien.

8. (traducir) Soy intérprete. _____ las cartas

    de un hombre de negocios (businessman) mexicano.

EJERCICIO 3. Lo que pasó

Read the following sentences and describe what happened. Use the construction al + infinitive.

   MODELO   El Sr. Montero regresa a casa y ve al ladrón (thief).
            Al regresar a casa, el Sr. Montero vio al ladrón.

1. El chico ve el accidente y llama a la policía.

    _____.

2. Los estudiantes entran en el café y saludan a sus amigos.

_____.

3. Cruzamos la avenida y encontramos a nuestro profesor.

_____.

4. Estaciono mi coche en frente del hospital y recibo una multa.

_____

_____.

EJERCICIO 4.   *¿Cuándo?*

Indicate when certain actions took place.   Follow the model.

MODELO   yo / recibir la licencia de conducir / dos años
          Recibí la licencia de conducir hace dos años.

1. tú / estacionar tu coche / una hora

_____.

2. mi hermano / tener un accidente / tres semanas

_____.

3. yo / ver a su primo / dos meses

_____.

4. los romanos / construir este monumento / dos mil años

_____.

EJERCICIO 5. *La palabra lógica*

Complete the sentences below with the words that fit logically.

1. En las grandes ciudades como Nueva York y la ciudad de
   México la gente puede ir al trabajo en _____.
   a. barco   b. metro   c. semáforo

2. La farmacia está en _____ de la avenida
   Bolívar y la calle Córdoba.
   a. la plaza   b. el transporte   c. la esquina

3. El policía le puso _____ de 10.000 pesos al
   mal conductor.
   a. una multa   b. una infracción   c. un regalo

4. _____ son un problema de la vida (*life*) urbana.
   a. Los semáforos   b. Las esquinas   c. Los atascos

5. Ud. puede cruzar la calle cuando _____ se pone
   (*turns*) verde.
   a. el semáforo   b. el peatón   c. el metro

6. En el accidente, el coche _____ contra un árbol
   (*tree*).
   a. cruzó   b. chocó   c. destruyó

7. La Sra. Martínez _____ su coche en la calle
   Ribera.
   a. estacionó   b. cruzó   c. contribuyó

8. Si no sabes _____, no voy a prestarte mi coche.
   a. construir   b. traducir   c. conducir

Unidad V: Otras perspectivas

AUMENTE SU VOCABULARIO

In Spanish as in English, adjectives and nouns are often related to one another.

adjetivo ◄──────► adjetival
nación ◄──────► nacional

Complete the following sentences with the nouns that correspond to the <u>adjectives</u>.

MODELO   Leemos las Lecturas <u>culturales</u> porque queremos
aprender más de la _____<u>cultura</u>_____ hispana.

1. Tenemos muchas _____ familiares. Por ejemplo,

es <u>tradicional</u> celebrar el Año Nuevo con la familia.

2. Como tengo mucho interés en la _____, leo

muchos artículos sobre la situación <u>política</u> actual.

3. Cuando su abuelo era <u>joven</u>, viajó por todo el mundo. Tuvo

una _____ muy interesante.

4. Algunos escritores son _____ políticos, pero

otros no son muy <u>activos</u> en la vida política de su país.

5. ¡Claro que a Violeta le interesa la _____!

Ella trabaja en una revista <u>literaria</u>.

6. Su fama es <u>mundial</u>. Se conocen sus obras por todo el

_____.

7. Creo que Eduardo va a ser un buen _____

porque es una persona muy <u>diplomática</u>.

8. El Sr. Robles tiene mucho _____ en su país.

Es un representante muy <u>prestigioso</u>.

AUMENTE SU VOCABULARIO UN POCO MÁS

Many nouns that end in *-ción* in Spanish have English cognates
that end in <u>-tion</u>.

mención ←——→ mention
intención ←——→ intention

Create original sentences using the following words.

1. (tradición) _____.

2. (nación) _____.

3. (obligación) _____.

4. (limitación) _____.

5. (excepción) _____.

6. (creación) _____.

7. (inspiración) _____.

8. (nutrición) _____.

UNIDAD V (LECCIONES 13-15): VOCABULARIO ACTIVO

SUSTANTIVOS MASCULINOS	Masculine Nouns
almuerzo	*lunch*
atasco	*traffic jam*
balcón	*balcony*
bombero	*firefighter* (male)
cartero	*letter carrier* (male)
centro comercial	*shopping center*
cliente	*client* (male)
comedor	*dining room*
conductor	*driver* (male)
consultorio del doctor (dentista)	*doctor's (dentist's) office*
cuarto	*room*
cuarto de baño	*bathroom*
cuarto de estar	*family room*
dentista	*dentist* (male)
dependiente	*salesclerk* (male)
desayuno	*breakfast*
doctor	*doctor* (male)
dormitorio	*bedroom*
empleado	*employee* (male)
enfermero	*nurse* (male)
estacionamiento	*parking lot*
garaje	*garage*
hogar	*home*
hospital	*hospital*
jardín	*garden*
lavaplatos	*dishwasher*
maestro	*teacher* (male)
mercado	*market*
metro	*subway*
parquímetro	*parking meter*
peatón	*pedestrian* (male)
policía	*policeman*
refrigerador	*refrigerator*
ruido	*noise*
semáforo	*traffic light*
supermercado	*supermarket*
transporte	*transportation*
transporte público	*public transportation*
vecino	*neighbor* (male)

SUSTANTIVOS FEMENINOS

	Feminine Nouns
alcoba	*bedroom*
avenida	*avenue*
bombera	*firefighter (female)*
calle	*street*
cartera	*letter carrier (female)*
cena	*supper*
ciudad	*city*
cliente	*client (female)*
cocina	*kitchen; stove*
comida	*meal; food*
conductora	*driver (female)*
dentista	*dentist (female)*
dependiente	*salesclerk (female)*
doctora	*doctor (female)*
empleada	*employee (female)*
enfermera	*nurse (female)*
escuela primaria	*elementary school*
escuela secundaria	*secondary school, high school*
esquina	(street) *corner*
farmacia	*drugstore*
habitación	*room*
infracción	*violation*
lavadora	*washing machine*
licencia de conducir	*driver's license*
maestra	*teacher (female)*
mesa	*table*
multa	*fine*
oficina de correos	*post office*
plaza	*square; plaza*
policía	*policewoman; police force*
sala	*living room*
silla	*chair*
tienda	*shop; store*
vecina	*neighbor (female)*
vecindad	*neighborhood*

ADJETIVOS

	Adjectives
cada	*each; every*
delicioso	*delicious*
limpio	*clean*
pasado	*past; last*
siguiente	*following*
sucio	*dirty*

VERBOS	Verbs
almorzar (ue)	*to have lunch*
arreglar	*to arrange; to fix up*
cenar	*to have supper*
cocinar	*to cook*
construir	*to build, construct*
contribuir	*to contribute*
cruzar	*to cross*
chocar	*to crash, collide*
destruir	*to destroy*
dormir (ue)	*to sleep*
estacionar	*to park*
lavar	*to wash*
limpiar	*to clean*
mentir (i)	*to lie, tell a lie*
morir (ue)	*to die*
nacer	*to be born*
ocurrir	*to occur*
oír	*to hear*
pasar	*to happen*
pedir (i)	*to ask for*
pintar	*to paint*
preferir (ie)	*to prefer*
preparar	*to prepare*
repetir (i)	*to repeat*
sentir (i)	*to feel*
servir (i)	*to serve*
tomar el desayuno	*to have breakfast*

ADVERBIOS	Adverbs
anoche	*last night*
anteayer	*the day before yesterday*
ayer	*yesterday*
hoy en día	*nowadays*
otra vez	*again*
ya	*already; yet*

PREPOSICIONES SEGUIDAS DEL INFINITIVO	Prepositions Followed by the Infinitive
al + <u>inf</u>.	*on, upon, when*
antes de + <u>inf</u>.	*before*
después de + <u>inf</u>.	*after*
para + <u>inf</u>.	*in order*
sin + <u>inf</u>.	*without*

VERBOS CON RAÍCES IRREGULARES EN EL PRETÉRITO* Verbs with Irregular Preterite Stems

conduje	*I drove*
contribuí, contribuyó	*I contributed, he contributed*
di	*I gave*
dije	*I said*
dormí, durmió	*I slept, he slept*
estuve	*I was*
fui (ir)	*I went*
fui (ser)	*I was*
hice, hizo	*I did, he did*
hubo	*there was, there were*
mentí, mintió	*I lied, he lied*
oí, oyó	*I heard, he heard*
pedí, pidió	*I requested, he requested*
pude	*I was able*
puse	*I put, placed*
quise	*I wanted*
supe	*I knew*
traje	*I brought*
tuve	*I had*
vi	*I saw*
vine	*I came*

EXPRESIONES TEMPORALES Expressions Relating to Time

hace + period of time	(period of time) *ago*
hace + time (+ preterite)	*since*
mil setecientos setenta y cinco	*1775*

conduje: The preterite stem ends in *j* for all verbs ending in -*cir*.

contribuyó: The -*yó* and -*yeron* endings are used for the *él* and *ellos* preterite forms, respectively, of all verbs ending in - *uir*.

durmió: The stem vowel becomes *u* in the *él* and *ellos* preterite forms of all -*ir* verbs that have the *o* ⟶ *ue* stem change in the present.

hizo: The *z* appears only in the *él* preterite form.

mintió: The stem vowel becomes *i* in the *él* and *ellos* forms of all -*ir* verbs that have the *e* ⟶ *ie* stem change in the present.

pidió: The stem vowel becomes *i* in the *él* and *ellos* forms of -*ir* verbs that have the *e* ⟶ *i* stem change in the present.

16

El mejor momento del día

EJERCICIO 1. *¿Reflexivo o no?*

Read the following sentences carefully. Then indicate whether the underlined pronoun is <u>reflexive</u> (that is, whether it refers to the subject) or not.

		Reflexive	*Nonreflexive*
MODELO	<u>Me</u> lavo en el cuarto de baño.	(X)	( )
	<u>Lo</u> lavo con jabón (*soap*).	( )	(X)

1. ¿Por qué <u>me</u> miras?   ( )   ( )

2. Clara <u>se</u> mira en un espejo (*mirror*).   ( )   ( )

3. Esos problemas <u>nos</u> preocupan mucho.   ( )   ( )

4. ¿<u>Te</u> preocupas por el futuro?   ( )   ( )

5. El Sr. Guitarte <u>se</u> acuesta a las once.   ( )   ( )

6. La mamá <u>las</u> acostó después de la cena.   ( )   ( )

7. Tus chistes (*jokes*) no <u>me</u> divierten.   ( )   ( )

8. <u>Nos</u> divertimos mucho durante las   ( )   ( )
   vacaciones.

9. Él <u>nos</u> sentó en una mesa cerca de la   ( )   ( )
   ventana.

10. María <u>se</u> sienta en el sillón   ( )   ( )
    (*armchair*).

11. El ruido del teléfono <u>la</u> despertó a   ( )   ( )
    las cinco de la mañana.

12. ¿A qué hora <u>te</u> despiertas los   ( )   ( )
    domingos?

EJERCICIO 2.   *¿Preocupaciones?*

Read about the following people and say whether or not they are
worrying. Complete the sentences below with the appropriate
<u>affirmative</u> or <u>negative</u> forms of *preocuparse*.

1. Marta siempre saca notas buenas. _____

   por el examen final.

2. Los padres de Antonio no reciben noticias de su hijo.

   _____ un poco.

3. Somos optimistas. _____ por nada.

4. Ud. es demasiado pesimista. _____

   por todo.

5. Uds. son millonarios. _____ por los

   problemas materiales.

6. Juanita está muy nerviosa hoy. ¿Por qué

   _____?

EJERCICIO 3. *Actividades de todos los días*

Here is a list of some activities you probably do every day.
Put them in chronological sequence and indicate at what time you
do each of them. Use the *yo* form of the verb.

dormirse	despertarse	bañarse	cenar
acostarse	levantarse	almorzar	

MODELO   *Me despierto a las siete.*

1. _____ .

2. _____ .

3. _____ .

4. _____ .

5. _____ .

6. _____ .

EJERCICIO 4. *¿Sí o no?*

Read about the following people and indicate <u>whether or not</u> they
do the things indicated in parentheses.

1. Uds. son estudiantes perezosos.

(dedicarse a sus estudios)   *No se dedican a sus estudios* .

(preocuparse por sus notas) _____

_____ .

(dormirse en clase) _____

_____ .

2. Marcos va a una entrevista (*interview*) profesional.

   (afeitarse) _____.

   (ponerse blue-jeans) _____

   _____.

   (vestirse bien) _____.

3. Vamos a almorzar.

   (lavarse las manos) _____

   _____.

   (cepillarse los dientes) _____

   _____.

   (sentarse) _____.

4. Estás de vacaciones.

   (preocuparse por tus exámenes) _____

   _____.

   (divertirse) _____.

5. ¡Ay! Estoy sumamente (*extremely*) cansado.

   (arreglarse para salir) _____.

   (acostarse) _____.

   (dormirse) _____.

6. El Sr. Romero tiene una gripe (*flu*) terrible. Le duelen mucho la cabeza y el estómago.

   (levantarse) _____.

   (divertirse) _____.

EJERCICIO 5. *¿El pronombre reflexivo se o no?*

Complete the following sentences with the reflexive pronoun
se . . . but only if it is required.

1. Cuando habla con sus clientes mexicanos, este comerciante

   siempre _____ expresa en español.

2. Este autor _____ expresa ideas originales.

3. La Sra. Delgado _____ lava su coche nuevo.

4. El niño _____ lava las manos antes del almuerzo.

5. Mi hermana _____ prepara un pastel para el cumpleaños

   de su novio.

6. Marta y Clara son buenas amigas. _____ escriben a

   menudo.

7. Al entrar en el restaurante, el Sr. Pacheco _____

   quita el sombrero.

8. El mecánico _____ arregla mi coche.

9. Pedro e Inés _____ preparan para la fiesta.

10. Las personas inteligentes _____ adaptan a todas las

    circunstancias.

11. Mi abuelo _____ acuesta después de la cena.

17

¿Hay diferencias entre las generaciones?

EJERCICIO 1. *En el pasado*

Complete the following recollections of the past by filling in the blanks with the appropriate <u>imperfect</u> forms of the verbs in parentheses.

1. (trabajar, ganar) Mis padres _____ mucho

   pero _____ poco.

2. (asistir, aprender) Yo _____ a un colegio

   donde _____ el inglés.

3. (estudiar, sacar) Los estudiantes _____ más

   que hoy en día pero no _____ notas tan buenas.

4. (salir, querer) Paco _____ con una chica con

   quien _____ casarse.

5. (trabajar, dedicarse) Mi madre _____ mucho en

   casa y _____ a criar (*to raise*) a sus hijos.

6. (levantarse, acostarse) Tú _____ temprano

   y _____ tarde.

133

7. (tener, ir)   Nosotros no _____ coche.

_____ a la playa en autobús.

8. (ser, estar)   Nosotros no _____ ricos

pero _____ contentos.

9. (tener, estar)   Ud. _____ el pelo corto y

_____ más gordo.

EJERCICIO 2.   *Hace diez años*

Describe what your life was like ten years ago. Use the
imperfect tense of the following verbs in **affirmative** or
negative sentences. Rely on your memory ... or your imagination.

MODELO   (vivir)   *Vivía en una ciudad pequeña (en Las Vegas...).*

1. (vivir)   _____.

2. (tener)   _____.

3. (estudiar)   _____.

4. (asistir a)   _____.

5. (leer)   _____.

6. (salir)   _____.

7. (jugar)   _____.

8. (estar)   _____.

9. (querer)   _____.

10. (ser)   _____.

11. (ir)   _____.

12. (preocuparse por)   _____.

EJERCICIO 3. *Comparaciones*

Express your views on the following topics by using the
adjectives in parentheses in the appropriate comparative forms.
Follow the model.

> MODELO   el dinero / la independencia   (importante)
> *El dinero es tan importante como la independencia.*
> or *El dinero es más (menos) importante que la
> independencia.*

1. la justicia / el progreso económico   (importante)

   _____

   _____ .

2. los jóvenes / los ancianos (*older people*)   (conservador)

   _____

   _____ .

3. las mujeres / los hombres   (independiente)

   _____

   _____ .

4. la vida de hoy / la vida en 1900   (complicado)

   _____

   _____ .

5. las mujeres de hoy / las mujeres de 1900   (feliz)

   _____

   _____ .

6. el clima de California / el clima de Florida   (bueno)

   _____

   _____ .

EJERCICIO 4. *Más*

Whom or what would you classify as the best and the worst in the
following categories? Express your opinions as in the model.

     MODELO   romántico / antipático
               El actor _____*más romántico es Paul Newman*_____.
               El actor _____*más antipático es...*_____.

1. (linda / fea)

    La actriz _____.

    La actriz _____.

2. (divertido / aburrido)

    El comediante _____.

    El comediante _____.

3. (interesante / estúpido)

    El programa de televisión _____

    _____.

    El programa de televisión _____

    _____.

4. (liberal / conservador)

    El político _____.

    El político _____.

EJERCICIO 5. *La palabra lógica*

Complete the following sentences with the appropriate words.

1. En una democracia, todo el mundo (*everyone*) tiene los

   mismos (*same*) _____.

   a. modos   b. problemas   c. derechos

2. En los Estados Unidos se puede votar a la

   _____ de dieciocho años.

   a. edad   b. igualdad   c. carrera

3. Mi abuela no trabajaba fuera de (*outside*) casa. Era

   _____.

   a. perezosa   b. ama de casa   c. soltera

4. La primavera _____ al invierno.

   a. empieza   b. cambia   c. sigue

5. Nadie sabe quién pintó ese retrato (*portrait*). Debe ser un

   artista _____.

   a. famoso   b. fuerte   c. desconocido

6. Emilio siempre termina el examen después de los otros. Es

   el estudiante más _____ de la clase.

   a. lento   b. atento   c. feliz

7. Muchas gracias por su ayuda (*help*). Ud. es muy

   _____.

   a. amable   b. independiente   c. maduro

8. Si Ud. es tan _____ como dice, tiene que

   decirme la verdad.

   a. feliz   b. honrado   c. sensible

9. Este niño es _____. No le da besos a nadie.

   a. tímido   b. maduro   c. cariñoso

10. El Sr. Ramírez está muy _____ de su hija.   Ella

    es la mejor estudiante de la clase.

    a. orgulloso   b. cansado   c. triste

18

¡Qué susto!

EJERCICIO 1.   *El verano pasado*

Describe last summer's events by completing the sentences below with the appropriate <u>imperfect</u> or <u>preterite</u> forms of the verbs in parentheses. Remember: use the <u>imperfect</u> for events that occurred <u>regularly</u> and the <u>preterite</u> for those that occurred on <u>specific occasions</u>.

1. (salir)   Elena _____ con Pepe todos los domingos.

2. (salir)   Jaime _____ una vez con Gloria.

3. (organizar)   Alberto _____ una gran fiesta para su cumpleaños.

4. (organizar)   Los fines de semana, Ana _____ fiestas en su casa.

5. (hablar)   Cuando servía a los clientes ingleses, Ricardo

   _____ inglés.

6. (hablar)   Un día Antonio _____ con el director de su club.

7. (ir)   El 6 de agosto, Marta _____ a Viña del Mar con su familia.

8. (ir)   Paco _____ a la discoteca todos los sábados.

139

9. (dar)   Todos los días, nosotros _____ un
paseo por la playa.

10. (dar)   Después de su fiesta de cumpleaños, Ricardo

_____ un paseo con Inés.

EJERCICIO 2.   *En Montevideo*

You and some others spent the day in Montevideo, Uruguay.   Say
what you did.   Follow the model.

MODELO   Ana   (salir con un chico / él pasa las vacaciones allá)
Ana salió con un chico que pasaba las vacaciones allá.

1. nosotros   (ver a unos estudiantes / ellos van a una
manifestación)

_____

_____ .

2. tú   (sacar fotos de chicos / ellos juegan al fútbol en la
calle)

_____

_____ .

3. Uds.   (discutir de política con unos estudiantes / ellos
están en un café)

_____

_____ .

4. tú   (pedirle información a una señora amable / ella
trabaja en la oficina de turismo)

_____

_____ .

EJERCICIO 3. *Elvira Montes*

Imagine that you are writing the music column for a Spanish
youth magazine. Tonight you are describing a concert given by
Elvira Montes, the famous South American rock star. Complete
the sentences below with the appropriate <u>imperfect</u> or <u>preterite</u>
forms of the verbs in parentheses.

1. (llegar)   Elvira Montes _____ a las ocho y media.

2. (llevar)   _____ una blusa azul y pantalones negros.

3. (llevar)   También _____ gafas de sol.

4. (hay)   _____ unos mil espectadores en el auditorio.

5. (estar)   _____ muy contentos e impacientes

   porque...

6. (querer)   _____ escuchar a su cantante preferida.

7. (cantar)   Elvira _____ sus canciones favoritas

   por dos horas.

8. (dar)   Al fin del espectáculo, una joven le _____

   unas rosas rojas.

9. (dar)   Elvira le _____ un beso (*kiss*) y su

   autógrafo.

10. (salir)   Ella _____ del auditorio a las doce...

11. (volver)   y _____ a su hotel.

EJERCICIO 4.   *¿Qué pasaba?*

Describe what certain people were doing when others did other things. Use your imagination . . . and the appropriate <u>past tenses</u>.

> MODELO   (el profesor / entrar en la sala de clase // los estudiantes...)
>
> *Cuando el profesor entró en la sala de clase, los estudiantes leían (estudiaban, dormían, se divertían...).*

1. (yo / regresar a casa después de la fiesta // mis padres...)

   _____

   _____.

2. (mi amigo / llamarme // yo...)

   _____

   _____.

3. (nosotros / llegar al concierto // los espectadores...)

   _____

   _____.

4. (la Sra. González / regresar a casa // su esposo...)

   _____

   _____.

EJERCICIO 5. *¿El pretérito o el imperfecto?*

Complete the following sentences with the <u>preterite</u> or the
<u>imperfect</u> of the verbs in parentheses.

1. (conocer) Cuando vivía en Madrid, _____

   muchos restaurantes muy buenos.

2. (saber) Yo _____ las noticias al regresar

   a casa.

3. (conocer) ¿Conoces a mi prima Elvira? ¿Dónde la

   _____ tú?

4. (querer) Invitamos a Clara al restaurante pero ella no

   _____ ir con nosotros. ¡La pobre chica tenía

   mucha tarea!

5. (poder) El mecánico no _____ arreglar mi

   coche porque no tenía las herramientas (*tools*) necesarias.

6. (querer) Ayer, yo _____ visitar el museo.

   Desafortunadamente (*Unfortunately*) estaba cerrado (*closed*).

7. (saber) Ayer, Claudia fue a la casa de Miguel pero no lo

   encontró. Ella no _____ que estaba de

   vacaciones.

8. (querer) Cuando tenía diez años, mi hermano

   _____ ser astronauta.

EJERCICIO 6. *La palabra lógica*

Complete the following sentences with the words that fit logically.

1. En 1984, los Juegos Olímpicos _____ en Los Ángeles.

   a. tuvieron lugar   b. llegaron   c. tuvieron suerte

2. Los bomberos pudieron extinguir _____.

   a. el incendio   b. el robo   c. la guerra

3. Los empleados no fueron al trabajo. Estaban

   _____.

   a. de acuerdo   b. en huelga   c. asustados

4. ¿Cuánto dinero robó _____?

   a. la víctima   b. el suceso   c. el ladrón

5. El abuelo de Ricardo murió en _____ civil.

   a. el robo   b. la guerra   c. el suceso

6. El accidente fue terrible. Afortunadamente (*Fortunately*)

   no hubo _____.

   a. muertos   b. ladrones   c. conductores

7. La ambulancia llevó a _____ al hospital.

   a. las huelgas   b. los semáforos   c. los heridos

8. ¿Por qué estás tan _____? ¿Viste un fantasma

   (*ghost*)?

   a. asustado   b. ocupado   c. orgulloso

EJERCICIO 7. *¿Cuál verbo?*

Complete the sentences below with the appropriate <u>preterite</u>
forms of the following verbs. Be logical.

acordarse   irse   pelearse
encontrarse   llorar   tener lugar
gritar   matar

1. En 1986, el Mundial (*World Cup in soccer*)

   _____ en México.

2. La víctima _____ "¡Socorro! ¡Socorro!"

3. Mi hermanita _____ mucho cuando su perro

   murió.

4. Las amigas _____ en un café.

5. Los empleados terminaron el trabajo y después

   _____ de la oficina.

6. En la ópera, Otelo _____ a su esposa

   Desdémona.

7. No te llamé porque no _____ de tu número de

   teléfono.

8. Arturo y Emilio son enemigos (*enemies*). Ayer, después de

   las clases, los dos chicos _____ en el patio

   de recreo (*schoolyard*).

145

Unidad VI: Otras perspectivas

AUMENTE SU VOCABULARIO

Sometimes, when reading in a foreign language, it is possible to guess the meaning of a word because of its relationship to one that you already know. Try to use these logical guesses instead of slowing up your reading by resorting to the dictionary.

Try guessing the meaning of the following words. Read the equivalents in English in column A and the synonyms in column B and choose the correct word from the column at the right.

A	B		
to pertain	to belong	1. _____	a. *profundo*
antique	old	2. _____	b. *término*
isle	island	3. _____	c. *comercio*
profound	deep	4. _____	d. *amplio*
to indicate	to show	5. _____	e. *pertenecer*
commerce	business	6. _____	f. *isla*
term	word	7. _____	g. *antiguo*
ample	broad	8. _____	h. *indicar*

147

SUSTANTIVOS MASCULINOS · Masculine Nouns

accidente	*accident*
cambio	*change; exchange*
derecho	*right*
incendio	*fire*
ladrón	*thief* (male)
modo	*mode, manner, way*
muerto	*fatality; dead person*
papel	*role*
problema	*problem*
robo	*robbery, burglary*
suceso	*event*

SUSTANTIVOS FEMENINOS · Feminine Nouns

actitud	*attitude*
ama de casa (el ama)	*housewife*
ambulancia	*ambulance*
carrera	*career*
desigualdad	*inequality*
edad	*age*
estructura	*structure*
guerra	*war*
huelga	*strike*
igualdad	*equality*
ladrona	*thief* (female)
manifestación	*demonstration*
muerte	*death*
oportunidad	*opportunity*
paz	*peace*
pelea	*fight*
víctima	*victim*
vida	*life*

ADJETIVOS · Adjectives

actual	*present, current*
amable	*kind, amiable*
asustado	*frightened, scared*
atento	*courteous, polite*
cariñoso	*affectionate, loving*
débil	*weak*
derecho	*right*
desconocido	*unknown*
famoso	*famous*

ADJETIVOS (cont.)	Adjectives
feliz	*happy; lucky*
fuerte	*strong*
herido	*wounded*
honrado	*honest*
igual	*equal*
independiente	*independent*
izquierda	*left*
lento	*slow*
maduro	*mature; ripe*
mayor	*older, oldest*
medio	*middle*
mejor	*better, best*
menor	*younger, youngest*
muerto	*dead*
orgulloso	*proud*
peor	*worse, worst*
pobre	*poor*
rápido	*fast, rapid*
rico	*rich*
sensible	*sensitive*
tímido	*timid, shy*
último	*latest*
único	*unique; only*

VERBOS	Verbs
aceptar	*to accept*
acordarse (ue) de	*to remember*
acostar (ue)	*to put to bed*
acostarse (ue)	*to go to bed*
adaptarse (a)	*to adapt (oneself) to*
afeitarse	*to shave*
arreglarse	*to fix oneself up*
bañarse	*to take a bath*
cambiar	*to change*
casarse con	*to get married; to marry*
dedicarse	*to dedicate oneself (to)*
despertar (ie)	*to awaken (someone)*
despertarse (ie)	*to wake up*
divertir (ie)	*to amuse*
divertirse (ie)	*to have fun*
doler (ue)	*to hurt*
dormirse (ue)	*to fall asleep*
encontrarse (ue)	*to meet with*
expresarse	*to express oneself*
gritar	*to shout, cry, yell*
irse	*to go away, leave*
lavarse	*to wash (oneself)*

VERBOS (cont.)   Verbs

levantar	*to raise, lift*
levantarse	*to get up*
llevar	*to bring*
llorar	*to cry, weep*
matar	*to kill*
obtener	*to obtain, get*
peinarse	*to comb* (one's hair)
pelearse (con)	*to fight (with)*
ponerse	*to put on* (clothing)
preocuparse	*to worry*
prepararse	*to get ready*
quitarse	*to take off*
reclamar	*to claim, demand*
robar	*to rob*
seguir (i)	*to follow*
sentar (ie)	*to seat* (someone)
sentarse (ie)	*to sit down*
tener (ie) lugar	*to take place*
vestirse (i)	*to get dressed*
votar	*to vote*

VERBOS CON UN SIGNIFICADO   Verbs with Special Meanings in
    DIFERENTE EN EL IMPERFECTO   the Imperfect and Preterite
    Y EL PRETÉRITO

conocía	*I knew, was familiar with*
conocí	*I met* (for the first time)
podía	*I was able, had the chance to*
pude	*I succeeded, was able to* (and did)
quería	*I wanted to, felt like*
quise	*I tried, wanted to* (and did)
no quería	*I didn't want to* (but did)
no quise	*I refused, didn't want to* (and didn't)
sabía	*I knew, was aware of*
supe	*I found out, heard about*

VERBOS CON RAÍCES IRREGULARES   Verbs with Irregular Imperfect
    EN EL IMPERFECTO   Stems

era	*I was*
iba	*I went*
veía	*I saw*

ADVERBIOS

casi	*almost*
casi siempre	*almost always*
de repente	*suddenly*
dos veces	*twice, two times*
generalmente	*generally*
la mayoría de las veces	*most of the time*
por lo común	*normally*
por lo general	*generally*
sin duda	*doubtless*
todos los días	*every day*
una vez	*once, one time*

Adverbs

CONJUNCIÓN

mientras (que)	*while*

Conjunction

INTERJECCIONES

¡qué (<u>noun</u>)!	*what a/an (<u>noun</u>)!*
¡qué (<u>adj</u>.)!	*how (<u>adj</u>.)!*
¡socorro!	*help!*

Interjections

CONSTRUCCIONES COMPARATIVAS

más... que	*more, ___er . . . than*
más de + <u>noun</u>	*more than*
el más + <u>adj</u>.	*the most . . . ; the ___est*
menos... que	*less . . . than*
menos de + <u>noun</u>	*less than*
el menos + <u>adj</u>.	*the least . . .*
tan... como	*as . . . as*
tanto... como	*as much/many . . . as*

Comparative Constructions

19

Para vivir muchos años

EJERCICIO 1. *El picnic*

Imagine that you are in charge of organizing a picnic for the
Spanish Club. You intend to serve the following foods. Ask a
friend to do the shopping for you by completing the sentences
below with the ingredients necessary for preparing these dishes.

1. (una ensalada de papas)   Compra _____

_____.

2. (sándwiches)   Compra _____

_____.

3. (una ensalada de fruta)   Compra _____

_____.

4. (una torta)   Compra _____

_____.

EJERCICIO 2.   *Instrucciones*

Juan keeps telling his younger brother what to do and what not
to do. Express this by using one of the nouns in parentheses
with the <u>affirmative</u> *tú* <u>command</u> form of the verb and the other
with the <u>negative</u> *tú* <u>command</u> form.

>   MODELO   abrir   (la ventana / la puerta)
>   *Abre la ventana. No abras la puerta.*

1. comprar   (pescado / carne)

   _____.

2. beber   (refrescos / bebidas alcohólicas)

   _____.

3. vivir   (en el campo [*country*] / en una gran ciudad)

   _____.

4. tocar   (la guitarra / el piano)

   _____.

5. jugar   (al tenis / al fútbol)

   _____.

6. organizar   (un pícnic / una fiesta)

   _____.

7. servir (agua mineral / vino)

   _____.

8. traer   (frutas / pasteles)

   _____.

9. conducir   (prudentemente / rápidamente)

   _____.

10. volver   (a las 9 / a las 12)

   _____.

EJERCICIO 3. *Consejos*

Imagine that a friend is talking to you about his friends and
acquaintances. Listen to what your friend says, and then tell
him whether or not he should do certain things with or for them.
Use the <u>affirmative</u> or <u>negative</u> *tú* <u>command</u> forms of the verbs in
parentheses, plus the appropriate object pronouns.

>   MODELO   Paco es aburrido.   (invitar)
>   _____*Invítalo*_____ a la fiesta.
>   or _____*No lo invites*_____ a la fiesta.

1. Elena y Teresa son muy simpáticas. (invitar)

_____ al café.

2. Mi novia está triste.   (traer)

_____ flores.

3. Roberto vive en España.   (llamar por teléfono)

_____.

4. Alberto conduce muy rápidamente.   (prestar)

_____ tu moto.

5. Mis primos dan una fiesta.   (prestar)

_____ tus discos.

6. Mi prima va a casarse.   (mandar)

_____ un regalo.

7. Enrique necesita dinero.   (dar)

_____ diez dólares.

8. Mis amigos nunca se divierten.   (llevar)

_____ a una fiesta.

EJERCICIO 4. *Sí y no*

Ask a friend not to do certain things, but to do others.
Complete each pair of sentences with first the <u>negative</u> and then
the <u>affirmative</u> *tú* <u>command</u> forms of the verbs in parentheses.

1. (ir)   No _____ a la playa.

   _____ al parque.

2. (venir)   No _____ por la tarde.

   _____ por la mañana.

3. (salir)   No _____ con ese chico.

   _____ conmigo.

4. (ponerse)   No _____ una chaqueta.

   _____ una camiseta y blue-jeans.

5. (decir)   No _____ mentiras.

   _____ la verdad.

6. (tener)   No _____ miedo.

   _____ paciencia con mis amigas.

7. (hacer)   No _____ la tarea.

   _____ un pastel para la fiesta.

8. (ser)   No _____ tan perezoso.

   _____ más serio.

EJERCICIO 5. *Anuncios*

Imagine that you are working in the advertising department of
a Spanish-language magazine published in this country. Use
the *Uds.* command form of the verbs in parentheses and the
preposition *con* (where appropriate) to advertise some
nationally known products. Use your imagination.

     MODELO   (beber)
               ¡Beban Uds. Coca-Cola!

1. (comer)   _____.

2. (servir)   _____.

3. (leer)   _____.

4. (afeitarse)   _____.

5. (cepillarse los dientes)   _____.

6. (limpiar su casa)   _____.

7. (lavarse el pelo)   _____.

8. (venir)   _____.

9. (conducir)   _____.

10. (comprar)   _____.

EJERCICIO 6. *Para mantener la salud* (To Stay Healthy)

Imagine that you are working in a health clinic and are advising
a Spanish-speaking patient on how to stay healthy. Make your
suggestions, using the *Ud.* command forms of the following verbs
in underline{affirmative} or underline{negative} sentences. Use your imagination.

     MODELO   (beber)   *Beba jugo de fruta.*
                         or No beba cerveza.

157

1. (tomar) _____.

2. (comer) _____.

3. (dormir) _____.

4. (jugar) _____.

5. (estar) _____.

6. (ir) _____.

7. (hacer) _____.

8. (levantarse) _____.

9. (acostarse) _____.

EJERCICIO 7. *Preguntas*

1. Generalmente, ¿qué toma Ud. para el desayuno?

_____.

2. ¿Qué tipo de sándwich le gusta más a Ud.?

_____.

3. ¿Cuál es su postre favorito?

_____.

4. ¿Hay comidas o condimentos que no le gustan a Ud.? ¿Cuáles?

_____.

5. ¿Qué frutas se cultivan en los países tropicales?

_____.

20

Sugerencias, recomendaciones y consejos

EJERCICIO 1. *¿Cuál modo?* (Which Mood?)

Read each sentence and determine whether the subject is expressing <u>a fact</u> or <u>a wish</u>. Then indicate whether the underlined verb is in the <u>indicative</u> or the <u>subjunctive</u> mood.

	Indicative	*Subjunctive*
1. Carmen quiere que Esteban la <u>llame</u>.	( )	( )
2. Felipe sabe donde <u>vive</u> Rafael.	( )	( )
3. El profesor insiste en que los estudiantes <u>estudien</u>.	( )	( )
4. La profesora dice que los estudiantes no <u>estudian</u>.	( )	( )
5. Raúl espera que su papá le <u>compre</u> un coche.	( )	( )
6. Roberto sabe donde Uds. <u>trabajan</u>.	( )	( )
7. Digo que tú te <u>equivocas</u>.	( )	( )
8. Elena quiere que José le <u>diga</u> la verdad.	( )	( )

EJERCICIO 2. *Para la salud*

A doctor has made several recommendations to his patients. As
these patients are leaving, they compare notes on what the
doctor said. Complete their statements with the appropriate
<u>subjunctive</u> forms of the verbs in parentheses.

1. (comer, fumar [*to smoke*])   El doctor le sugiere a mi papá

   que _____ menos y que no _____ .

2. (estudiar, descansar)   Insiste en que yo

   _____ menos y que _____ más.

3. (levantarse, comer)   Quiere que mis hermanitos

   _____ temprano y que _____ bien.

4. (vivir, trabajar)   Le sugiere a mi tío que _____

   en el campo (*countryside*) y que _____ menos.

5. (correr, nadar)   Nos recomienda que _____

   durante la semana y que _____ durante el fin

   de semana.

6. (tomar, beber)   Les recomienda a Uds. que no

   _____ café y que _____ agua

   mineral.

EJERCICIO 3. *¿Sí o no?*

Describe what the following people want by completing the
sentences below with the appropriate <u>affirmative</u> or <u>negative</u>
forms of the verbs in parentheses.

MODELO   (llegar)
           Carmen quiere que su novio __*llegue*__ a tiempo.

1. (pagar)   El camarero (*waiter*) quiere que tú _____

   la cuenta.

2. (salir, sacar)   Tu papa quiere que tú _____ bien

   en el examen y que _____ notas buenas.

3. (matricularse, escoger)   Mis padres quieren que yo

   _____ en la universidad y que _____ una

   carrera interesante.

4. (hacer, poner)   Los vecinos quieren que nosotros

   _____ ruido y que _____ discos de "rock".

5. (conducir, tener)   Quiero que tú _____ más

   despacio (*slowly*) y que _____ accidente.

6. (equivocarse, decir)   El juez (*judge*) quiere que los

   testigos (*witnesses*) _____ y que

   _____ la verdad.

7. (llegar, traer)   El profesor quiere que los estudiantes

   _____ a tiempo a clase y que _____

   sus libros.

161

EJERCICIO 4. *Deseos personales* (Personal Wishes)

Express your wishes for yourself and others by completing the
sentences below. Use your imagination . . . and the <u>subjunctive</u>
mood.

1. Espero que mis padres _____.

2. Espero que mi profesor/a de español _____

_____.

3. No permito que mi compañero/a de cuarto _____

_____.

4. Quiero que mi jefe (*boss*) _____

_____.

5. Deseo que mi futuro/a esposo/a _____

_____.

6. Voy a insistir en que mis hijos _____

_____.

7. Ojalá que yo _____.

8. Ojalá que mi familia _____.

EJERCICIO 5. *La palabra lógica*

Complete the following sentences with the words that fit
logically.

1. Elena estudia _____ porque quiere ser abogada.

   a. justicia   b. derecho   c. agronomía

2. Si Uds. siempre _____ a la clase de inglés, no

   van a salir bien en el examen.

   a. faltan   b. pierden   c. conducen

162

3. ¡Ud. _____! No soy Antonio Cruz.

   a. sale bien   b. se equivoca   c. se acuerda

4. Mi hermana acaba de terminar sus estudios secundarios.

   Espera salir bien en _____ a la universidad.

   a. la matrícula   b. la graduación   c. el examen de ingreso

5. ¿Qué _____ te gusta más? ¿La filosofía o

   las ciencias?

   a. asignatura   b. sugerencia   c. título

6. Mi prima va a graduarse con _____ de

   ingeniería.

   a. la matrícula   b. el título   c. la facultad

7. Si quieres ser médico, tienes que matricularte en

   _____ de medicina.

   a. la facultad   b. el examen   c. el colegio

8. Estamos en mayo. Las vacaciones van a empezar

   _____.

   a. a tiempo   b. lento   c. pronto

9. Esta noche voy a asistir a _____ sobre

   el arte azteca.

   a. una lectura   b. una asignatura   c. una conferencia

10. ¿Qué vas a _____ de postre? ¿El flan o

    el pastel?

    a. escoger   b. exigir   c. empezar

21

Esposos ideales

EJERCICIO 1. *La familia*

Indicate whether you think the following are important elements of successful family life by adding to the beginning of each sentence *Es (bastante, muy) importante que* or *No es importante que*. Be sure to put the verb in the subordinate clause in the <u>subjunctive</u>.

1. Los esposos se quieren.

   _____.

2. La esposa tiene un empleo.

   _____.

3. Los esposos comparten las tareas domésticas.

   _____.

4. Los hijos respetan a sus padres.

   _____.

5. Padres e hijos pasan las vacaciones juntos (*together*).

   _____.

6. La familia del novio se lleva bien con la familia de la novia.

   _____.

EJERCICIO 2. *El mundo estudiantil*

Express your views on the student world by using the expressions from the *Vocabulario* on page 294 of your student text.

    MODELO   Los estudiantes preparan las lecciones.
                Es normal que los estudiantes preparen las lecciones.

1. Los profesores reciben buenos sueldos (*salaries*).

   _____.

2. Los profesores escriben libros.

   _____.

3. Cuesta mucho dinero asistir a la universidad.

   _____.

4. Las universidades reciben dinero del gobierno.

   _____.

5. Los estudiantes participan en la administración de la universidad.

   _____

   _____.

6. Los estudiantes organizan huelgas.

   _____.

EJERCICIO 3.   *¡Qué lástima!*

There are many things that the following people do not do or do
not know. Say that it is important that the situation change by
completing the sentences using the <u>subjunctive</u> of the underlined
verbs.

    MODELO   No <u>sabes</u> hablar español.
             Es importante _____ *que sepas hablar español* _____.

1. La secretaria no <u>sabe</u> escribir a máquina.   Es necesario

   _____.

2. No <u>sé</u> la verdad.   Es indispensable _____

   _____.

3. Los estudiantes no <u>van</u> al laboratorio.   Es útil _____

   _____.

4. No <u>vamos</u> al restaurante.   ¡Qué lástima _____

   _____!

5. Uds. no <u>son</u> atentos.   Es bueno _____

   _____.

6. No <u>eres</u> tolerante.   Es importante _____

   _____.

7. El Sr. Vargas no les <u>da</u> consejos a sus hijos.   Es importante

   _____.

8. Uds. no <u>están</u> listos (*ready*).   Es necesario _____

   _____.

9. El lavaplatos no <u>está</u> arreglado (*fixed*).   Es importante

   _____.

EJERCICIO 4. *En la clase de español*

The Spanish teacher is making demands on his students. Complete
his requests with the appropriate <u>subjunctive</u> forms of the verbs
in parentheses.

1. (repetir, pensar)   El profesor quiere que tú

   _____ la pregunta y que _____

   antes de contestar.

2. (empezar, perder)   Quiere que yo _____ a

   estudiar y que no _____ el tiempo.

3. (divertirse, dormirse)   Recomienda que nosotros no

   _____ ni que _____ durante

   la clase.

4. (pensar, recordar)   Quiere que los estudiantes

   _____ en el examen y que _____

   los verbos irregulares.

5. (ser, hacer)   Sugiere que Uds. no _____

   tímidos y que le _____ preguntas.

EJERCICIO 5. *La palabra lógica*

Complete the following sentences with the words that fit
logically.

1. _____ de Cristina y Miguel tuvo lugar en la

   iglesia San Marcos.

   a. La pareja   b. El matrimonio   c. La boda

2. Teresa y Carlos _____ bien. Sus amigos

   creen que van a casarse.

   a. se pelean   b. se llevan   c. se acuerdan

3. Para su _____, los recién casados fueron

   a México.

   a. luna de miel   b. pareja   c. matrícula

4. Para su cumpleaños, el Sr. Montero le dió _____

   a su esposa.

   a. un apellido   b. un anillo   c. aniversario

5. Si no _____ bien, tienes que acostarte.

   a. te sientas   b. te sientes   c. sientes

6. La ceremonia _____ unas tres horas.

   a. duró   b. llevó   c. terminó

7. ¡Ten paciencia! Voy a contestarte _____.

   a. hasta pronto   b. bien   c. en seguida

8. Marta y su novio forman _____ muy unida

   (*united*).

   a. una pareja   b. una palabra   c. una boda

Unidad VII: Otras perspectivas

AUMENTE SU VOCABULARIO: De lo desconocido a lo conocido

We are always learning new words, even in our own language. In
the following recipe for custard, a dessert that is very popular
in Hispanic countries, there are a number of new words.
Nevertheless, you can utilize the vocabulary that you already
know, your experience, and the context of the words to prepare a
delicious custard. Read the recipe carefully.

FLAN

Preparación: 10 minutos

Tiempo de cocción: 45 minutos

Receta para 8-10 porciones

INGREDIENTES

1 1/2 taza (*cup*) de leche

1   lata grande de leche condensada
       azucarada

4   huevos

1   cucharita (*teaspoon*) de vainilla

171

PREPARACIÓN

1. Precaliente el horno a 350°.

2. Mezcle bien la leche condensada azucarada, los huevos,
   la leche y la vainilla.

3. Vierta la mezcla en un molde.

4. Ponga el molde en una cacerola (*pan*) de agua caliente
   (un baño maría).

5. Ponga el molde en el baño maría en el horno.

6. Después de 45 minutos, introduzca un cuchillo (*knife*) en el
   flan. Si el cuchillo sale limpio, el flan ya está listo.
   Si no sale limpio, déjelo en el horno unos minutos más o
   hasta que el cuchillo salga limpio.

7. Desmolde el flan cuando esté frío.

How did you figure out the meaning of the following words? Put an
"X" beside the clue or clues that you used to guess the meaning of
each word. You can use more than one clue for each word, as
necessary.

1. cocción

   _____   a. relacionada a la palabra "cocinar"

   _____   b. Dice 45 minutos.

   _____   c. el contexto

2. receta

   _____   a. Se parece a (*resembles*) la palabra "recipe".

   _____   b. Dice 8-10 porciones.

   _____   c. el contexto

3. lata

_____ a. la foto

_____ b. Sé que la leche condensada viene en lata.

_____ c. el contexto

4. azucarada

_____ a. Conozco la palabra "azúcar".

_____ b. Sé que el flan es dulce, pero la receta no menciona azúcar.

_____ c. el contexto

5. precaliente

_____ a. Conozco la palabra "calor".

_____ b. Conozco el prefijo "pre-".

_____ c. el contexto

6. mezclar, la mezcla

_____ a. experiencia

_____ b. el contexto

7. introducir

_____ a. Es un cognado.

_____ b. experiencia

_____ c. el contexto

8. desmoldar

_____ a. Se relaciona a la palabra "molde".

_____ b. Conozco el prefijo "des-".

_____ c. el contexto

SUSTANTIVOS MASCULINOS   Masculine Nouns

aceite	*oil*
ajo	*garlic*
almuerzo	*lunch*
amor	*love*
anillo	*ring*
apellido	*surname*
arroz	*rice*
atún	*tuna*
azúcar	*sugar*
biftec	*steak*
casamiento	*wedding*
cereal	*cereal*
cerdo	*pork*
consejero	*adviser, guidance counselor* (male)
derecho	(study of) *law*
desayuno	*breakfast*
divorcio	*divorce*
esposo	*husband*
examen de ingreso	*entrance exam*
flan	*custard*
huevo	*egg*
jamón	*ham*
jugo de fruta	*fruit juice*
matrimonio	*marriage; married couple*
melón	*melon*
novio	*groom*
pan tostado	*toast*
pavo	*turkey*
pepino	*cucumber, pickle*
perro caliente	*hot dog*
pescado	*fish*

SUSTANTIVOS FEMENINOS   Feminine Nouns

asignatura	*course*
banana	*banana*
boda	*wedding ceremony*
carne	*meat*
cebolla	*onion*
conferencia	*lecture*
consejera	*adviser, guidance counselor* (female)
ensalada	*salad*
especialidad	*major* (academic)
esposa	*wife*
facultad	*school* (of a university)

SUSTANTIVOS FEMENINOS (cont.)   Feminine Nouns

felicidad	*happiness*
fidelidad	*faithfulness*
fresa	*strawberry*
infelicidad	*unhappiness*
leche	*milk*
lechuga	*lettuce*
luna de miel	*honeymoon*
mantequilla	*butter*
manzana	*apple*
matrícula	*tuition*
mayonesa	*mayonnaise*
mermelada	*marmalade, jam*
mostaza	*mustard*
naranja	*orange*
novia	*bride*
papa	*potato*
papas fritas	*french fries*
pareja	*couple*
pera	*pear*
pimienta	*pepper*
pollo	*chicken*
postre	*dessert*
queso	*cheese*
recién casados	*newlyweds*
requisito	*requirement*
respeto	*respect*
título	*degree, diploma*
tocino	*bacon*
tomate	*tomato*
vinagre	*vinegar*
piña	*pineapple*
sal	*salt*
salsa de tomate	*catsup*
sandía	*watermelon*
sopa	*soup*
sugerencia	*suggestion*
torta	*cake*
verdura	*vegetable*
zanahoria	*carrot*

ADJETIVOS   Adjectives

externo	*external*
familiar	*(of the) family*
mixto	*mixed*

VERBOS	Verbs
aconsejar	to advise
amar	to love
decidir	to decide
divorciarse	to get divorced
durar	to last
equivocarse	to make a mistake
escoger	to choose, select
exigir	to demand, require
explicar	to explain
faltar a una clase	to cut a class
graduarse	to graduate
llevarse bien	to get along well
matricularse (en)	to enroll, register (in)
querer (e → ie)	to love
recomendar (e → ie)	to recommend
respetar	to respect
salir bien	to do well
sentirse (e → ie)	to feel
sugerir (e → ie)	to suggest
terminar	to end, finish
tomar una decisión	to make a decision

MANDATOS AFIRMATIVOS IRREGULARES--TÚ	Irregular tú Commands
di	tell; say
haz	do; make
pon	put, place
sal	go out, leave
sé	be
ten	have
ven	come
vete	go, go away

MANDATOS AFIRMATIVOS IRREGULARES--UD.	Irregular Ud. Commands
dé	give
esté	be
sea	be
sepa	know
vaya	go

MANDATOS NEGATIVOS IRREGULARES--TÚ	Irregular Negative _tú_ Commands
no des	_don't give_
no estés	_don't be_
no seas	_don't be_
no vayas	_don't go_

VERBOS Y EXPRESIONES DE MANDATO Y DESEO + SUBJUNTIVO	Verbs and Expressions of Desire with the Subjunctive
aconsejar que	_to advise (that)_
desear que	_to wish, want (that)_
esperar que	_to hope (that)_
insistir en que	_to insist (that)_
pedir (i) que	_to request (that)_
permitir que	_to permit, allow_
preferir (ie) (que)	_to prefer (that)_
prohibir que	_to forbid (that)_
querer (ie) que	_to want_
recomendar (ie) que	_to recommend (that)_
sugerir (ie) que	_to suggest (that)_
ojalá que	_let's hope (that)_
quizás	_perhaps_

EXPRESIONES IMPERSONALES + SUBJUNTIVO	Impersonal Expressions with the Subjunctive
es bueno que	_it's good that_
es esencial que	_it's essential that_
es importante que	_it's important that_
es imposible que	_it's impossible that_
es improbable que	_it's improbable that_
es indispensable que	_it's indispensable that_
es lástima que	_it's too bad that_
es malo que	_it's bad that_
es mejor que	_it's better that_
es necesario que	_it's necessary that_
es normal que	_it's normal that_
es posible que	_it's possible that_
es probable que	_it's probable that_
es sorprendente que	_it's surprising that_

ADVERBIOS Y EXPRESIONES	Adverbs and Expressions
a tiempo	_on time_
pronto	_soon_
en seguida	_right away_
inmediatamente	_immediately_

22

El futuro personal

EJERCICIO 1. *Los planes para el verano*

Describe what certain people will do next summer by completing the sentences below with the appropriate <u>future</u> forms of the verbs in parentheses.

1. (trabajar, vender) Enrique _____ en una

   estación de servicio. _____ gasolina.

2. (estar, aprender) Elena y Ana _____

   en París. _____ francés.

3. (ir, visitar) Nosotros _____ al Perú.

   _____ Machu Picchu.

4. (pasar, nadar, correr) Tú _____ las

   vacaciones en Acapulco. _____ y

   _____ todos los días.

5. (viajar, divertirse) Uds. _____ por Europa.

   _____ más allí que en la universidad.

6. (trabajar, traducir)   Yo _____ en las

Naciones Unidas. _____ artículos sobre la

economía latinoamericana.

EJERCICIO 2.   *Proyectos profesionales*

Describe the professional plans of the people below by
completing the sentences with the appropriate <u>future</u> forms of
ser.   Then describe what work they will perform.

MODELO   Mi hermana ___*será*___ arquitecta.
              _____*Construirá casas*_____.

1. Nosotros _____ médicos. _____

_____.

2. Adela _____ cirujana. _____

_____.

3. Mis primas _____ ejecutivas. _____

_____.

4. Tú _____ abogado. _____

_____.

5. Yo _____ periodista (*journalist*). _____

_____.

6. Uds. _____ agentes de viajes. _____

_____.

EJERCICIO 3. *Su futuro personal*

Describe how you see your own future ten years from now by using the suggested cues in <u>affirmative</u> or <u>negative</u> sentences and putting the verbs in the <u>future</u> tense.

1. tener trabajo   (¿dónde?)

    _____.

2. tener un coche   (¿de qué marca [*make*]?)

    _____.

3. estar casado/a   (¿con quién?)

    _____.

4. tener hijos   (¿cuántos?)

    _____.

5. hacer viajes   (¿adónde?)

    _____.

6. saber hablar otros idiomas   (¿cuáles?)

    _____.

EJERCICIO 4. *Sueños* (Dreams)

Certain people are dreaming of what they would do if they had the opportunity. Express these dreams by rephrasing the original sentences and using the appropriate <u>conditional</u> forms of the underlined verbs. Then write a sentence of your choice explaining what these people would do.

    MODELO   Teresa quiere <u>viajar</u>.
              Teresa viajaría. Iría a París. (Visitaría Perú...)

181

1. Emilia quiere <u>ser</u> cirujana.

   _____.

2. Inés quiere <u>pilotear</u> un avión.

   _____.

3. Nosotros queremos <u>representar</u> nuestra ciudad en el gobierno.

   _____

   _____.

4. Yo quiero <u>asumir</u> responsabilidades importantes.

   _____

   _____.

5. Tú quieres <u>dirigir</u> una compañía internacional.

   _____

   _____.

6. Las mujeres quieren <u>participar</u> más en la vida política.

   _____

   _____.

7. Tú quieres <u>ser</u> millonario.

   _____.

EJERCICIO 5. *¿Y Ud.?*

Say what you would do or be if you were not a student. Use the *yo* form of the <u>conditional</u> of the following verbs in original sentences. Use your imagination.

    MODELO (vivir)
            Viviría en Sevilla.

1. (vivir) _____

_____.

2. (trabajar) _____

_____.

3. (ser) _____

_____.

4. (tener) _____

_____.

5. (salir) _____

_____.

6. (ir) _____

_____.

7. (querer) _____

_____.

8. (hacer) _____

_____.

EJERCICIO 6. *La palabra lógica*

Complete the following sentences with the words that fit logically.

1. Mariluz estudia derecho para ser _____.

    a. médica   b. secretaria   c. abogada

2. _____ exige que sus empleados trabajen **más**.

    a. La jefa   b. El cirujano   c. El cartero

3. Voy a la agencia de viajes para reservar _____ para Madrid.

    a. un pasaje   b. una entrada   c. un avión

4. El Dr. Velázquez es _____. Trabaja en el hospital San Felipe.

    a. cirujano   b. plomero   c. comerciante

5. La Sra. Pérez es la presidenta de su compañía. Viaja mucho por sus _____.

    a. negocios   b. pasajes   c. jefes

6. Si hay un error en la factura (*invoice*), Ud. tiene que llamar a _____ que la preparó.

    a. la computadora   b. el bombero   c. la contadora

7. Mi primo tiene _____. Él acaba de ganar la lotería.

    a. buena salud   b. suerte   c. la culpa

8. Yo no causé el accidente. El conductor del otro coche tuvo _____.

    a. hambre   b. frío   c. la culpa

9. Esteban es guapo e inteligente. ¡No es sorprendente (*surprising*) que tenga _____ con las chicas!

    a. miedo   b. razón   c. éxito

10. No necesito visitar al médico. Estoy de buena _____.

    a. salud   b. suerte   c. mente

11. Después de graduarme, tengo que ganarme _____.

    a. la lotería   b. la vida   c. el partido

12. El médico quiere saber cuáles _____ tuviste.

    a. enfermos   b. enfermedades   c. empleos

23

¿Hay algo que le molesta hoy?

EJERCICIO 1. *La economía personal*

Complete the following sentences to describe your own financial situation. If some of the statements don't apply, use your imagination to complete them.

1. Cuando compro algo, pago con _____.

2. Ahorro mi dinero para _____.

3. Para mí, la inflación _____.

4. Ahora mi nivel de vida _____.

5. Tengo (No tengo) tarjetas de crédito porque _____

    _____.

6. Quiero ganar un buen sueldo para _____.

EJERCICIO 2.   *¡No los molesten!*   (Do Not Disturb!)

The following people are not to be disturbed.   Explain why by
describing what they are doing.

     MODELO   (llamar)
               Carolina __*está llamando*__ a su novio.

1. (preparar)   La Sra. Gómez _____
la cena.

2. (escribir)   El periodista _____
un artículo.

3. (leer)   Yo _____ el periódico.

4. (dormir)   Uds. _____.

5. (traer)   El camarero (*waiter*) _____
el vino.

6. (pedir)   Nosotros le _____ dinero
a Papá.

7. (hacer)   Raúl _____ un pastel.

8. (decir)   El chico le _____ la verdad
al profesor.

EJERCICIO 3.   *¿Qué están haciendo?*

Describe what certain people are doing right now.   Use the
present progressive and your imagination.

1. Ann Landers _____.

2. Julia Child _____.

3. Snoopy _____.

4. El presidente de los Estados Unidos _____

_____.

186

EJERCICIO 4. *El meteorito*

At exactly 9:14 last night, a meteorite fell near a Mexican town. Describe what certain people were doing at the time. Use the construction imperfect of *estar* + present participle.

    MODELO   (mirar)
             El señor Martínez _*estaba mirando*_ la televisión.

1. (mirar) Nosotros _____ un partido

   de fútbol.

2. (jugar) Mis hermanos _____ a la

   pelota.

3. (volver) Mi papá _____ a casa de su

   trabajo.

4. (acostar) Mi madre _____ a mi

   hermana menor.

5. (leer) Yo _____ una novela.

6. (comer) La familia Domínguez _____.

7. (lavarse) Adela _____.

8. (prepararse) Tú _____ para una

   fiesta.

9. (bañarse) Nosotros _____.

10. (ponerse) Mi hermanito _____

   el pijama.

EJERCICIO 5. *¿Tiene Ud. buena memoria?*

Indicate how long each of the following situations has been
going on. Use the appropriate form of the verb in parentheses,
and write in the specific amount of time.

      MODELO   (estudiar)
                  Hace seis meses   que nosotros *estudiamos*
               el español.

1. (vivir) _____ que yo

   _____ en esta ciudad.

2. (asistir) _____ que yo

   _____ a esta universidad.

3. (conocer) _____ que yo

   _____ a mi mejor amigo/a.

4. (vivir) _____ que mis padres

   _____ en su casa.

5. (tener) _____ que yo

   _____ el permiso de conducir (*driver's license*).

6. (tener) _____ que mi papá

   _____ su coche.

7. (ser) _____ que los Estados Unidos

   _____ independientes.

EJERCICIO 6. *Ayer*

Luisa is describing what she did yesterday. Complete her sentences with *por* or *para,* as appropriate.

1. Tomé el autobús _____ el centro.

2. Pasé _____ una tienda de discos.

3. Le compré un disco para Clara _____ su cumpleaños.

4. Me senté en un café _____ tomar algo y _____

   escribir una carta.

5. Escribí la carta y la mandé _____ avión.

6. Llamé a Antonio _____ teléfono.

7. Hablé con Antonio _____ una hora.

8. Di un paseo _____ la avenida San José.

9. Anoche hice la tarea _____ hoy.

EJERCICIO 7. *El verbo lógico*

Complete the sentences below with the appropriate <u>present-tense</u> forms of the verbs that fit most logically.

abrir	cerrar	firmar	retirar
ahorrar	cobrar	gastar	subir
bajar	faltar	pagar	

1. El cliente _____ la cuenta con una tarjeta de crédito.

2. La entrada cuesta cinco dólares y tengo solamente tres

   dólares. Me _____ dos dólares para ir al cine.

3. El presidente _____ los documentos que le trajo la secretaria.

4. Yo _____ las ventanas porque hace frío.

5. El banco _____ a las nueve de la mañana.

6. Elena siempre lleva vestidos elegantes.

   ¿_____ mucho dinero en las tiendas de ropa?

7. En tiempo de inflación, los precios _____.

8. Carmen está en el banco. _____ un cheque. Con el dinero, va a comprarse ropa.

9. No gasto el dinero que gano. Lo _____ para las vacaciones.

10. ¿Por qué _____ dinero del banco? Es que necesito dinero para ir de compras.

11. En el verano, los precios de los productos agrícolas

    generalmente _____.

24

El intruso

EJERCICIO 1. *Acciones y resultados*

Describe the results of the following actions, using the construction *estar* + past participle, as in the model.

> MODELO   Adela decoró su cuarto.
> *Ahora su cuarto está decorado.*

1. Rafael pintó la pared. _____.

2. María arregló la sala. _____.

3. Enrique encendió las luces. _____.

4. Anita apagó el televisor. _____.

5. Yo alquilé mi apartamento. _____.

6. Ud. firmó las cartas. _____.

7. Inés cerró la puerta. _____.

8. Tú preparaste los sándwiches. _____.

9. Uds. sirvieron las bebidas. _____.

191

EJERCICIO 2. *¡Qué lío!* (What a Mess!)

Federico loaned his apartment to a very careless friend. When he came back, he found his apartment in total chaos. Describe what he found by using the verbs in parentheses in the construction <u>imperfect of</u> *estar* <u>+ past participle</u>. The sentences may be <u>affirmative</u> or <u>negative</u>.

MODELO   (lavar)   Los platos _____ *no estaban lavados* _____.

1. (poner)   La mesa _____.

2. (hacer)   Las camas _____.

3. (romper)   El lavaplatos _____.

4. (abrir)   Todas las ventanas _____.

5. (morir)   Las flores _____.

6. (escribir)   El cheque para el alquiler (*rent*) _____

_____.

EJERCICIO 3. *¿Sí o no?*

Indicate whether or not you have done the following things.

MODELO   (visitar México)
         Sí, he visitado México.
         <u>or</u>   *No, no he visitado México.*

1. (comer en un restaurante mexicano)

_____.

2. (conducir un Alfa-Romeo)

_____.

3. (correr un maratón)

_____.

192

4. (actuar en una obra de teatro)

_____ .

5. (leer *Don Quijote*)

_____ .

EJERCICIO 4. *El poema*

The professor has asked the students to read a poem by Rubén
Darío. Say who has studied it and who has not. Complete the
sentences below with the appropriate <u>present perfect</u> forms of
the verbs in parentheses.

MODELO   (no / leer)
         Paco _____ *no lo ha leído* _____ .

1. (sí / estudiar)   Yo _____ .

2. (no / aprender de memoria) Tú _____ .

3. (sí / comprender)   Carmen y Pilar _____ .

4. (no / traducir)   Ramón _____ .

5. (sí / escuchar)   Isabel y yo _____ .

6. (no / repetir) Mis amigos _____ .

EJERCICIO 5. *¿Quién lo hizo?*

Anita wants to know who has done certain things. Complete her
questions with the appropriate forms of the <u>present perfect</u> of
the verbs in parentheses.

1. (abrir)   ¿Quién _____ el refrigerador?

2. (poner)   ¿Quién _____ una rana (*frog*)
   en mi cama?

193

3. (decir)   ¿Quién _____ esa mentira?

4. (hacer)   ¿Quién _____ esa tontería?

5. (descubrir)   ¿Quién _____ donde pongo mi dinero?

6. (escribir)   ¿Quién _____ en mi libro?

7. (romper)   ¿Quién _____ mi tocadiscos?

8. (devolver [*give back*])   ¿Quién _____ los libros a la biblioteca?

9. (ver)   ¿Quién _____ la foto de mi novio?

EJERCICIO 6.   *Antes*

Read what the following people did and explain what they had done before. Use the <u>pluperfect</u> of the verbs in parentheses and the appropriate object pronouns.

    MODELO   Evita pintó su cuarto.
              Antes <u>*lo había limpiado*</u>.   (limpiar)

1. Contestamos las cartas.

_____ ayer.   (recibir)

2. Encontré mi reloj.

_____ en casa de un amigo.   (perder)

3. Uds. vendieron su coche.

_____ hace dos años.   (comprar)

4. Apagaste el televisor.

_____ para las noticias.   (encender)

5. Carlos llamó a la chica.

_____ durante las vacaciones.   (conocer)

6. Mi mamá cerró las ventanas.

_____ esta mañana. (abrir)

7. Uds. encontraron sus zapatos.

_____ debajo de (*under*) la cama. (poner)

8. Recibí una carta de Luisa.

_____ la semana pasada. (escribir)

EJERCICIO 7.   *¿Qué verbo?*

Complete the sentences below with the appropriate <u>preterite</u> forms
of the following verbs. Be logical.

     alquilar   encender   quedarse
     apagar   olvidarse   romper
     compartir

1. El fin de semana pasado, Erica no salió. _____
   en casa y leyó una novela.

2. Después de la cena, _____ la televisión y
   miramos una telenovela (*TV series*).

3. El verano pasado, mis primos _____ una casa
   cerca del mar y pasaron unas vacaciones fabulosas.

4. Yo no pude asistir al concierto porque _____
   de reservar una entrada.

5. El niño compró dulces y los _____ con sus amigos.

6. Después de terminar la tarea, tú _____ la luz y
   te acostaste.

7. Felipe se cayó (*fell*) de su bicicleta y se _____
   el brazo.

EJERCICIO 8. *La palabra lógica*

Complete the following sentences with the words that fit logically.

1. Por favor, dame otra _____ de vino.

   a. taza   b. copa   c. cuchara

2. ¿Puedes poner _____ en el lavaplatos?

   a. el mantel   b. las servilletas   c. los tenedores

3. ¡Qué frío! ¿Puedes subir _____?

   a. la calefacción   b. la luz   c. el sillón

4. ¿Necesitas _____ para dormir?

   a. una alfombra   b. una almohada   c. una silla

5. No somos _____ de nuestro apartamento. Lo

   alquilamos.

   a. vecinos   b. dueños   c. maestros

6. Paco decoró las paredes de su cuarto con _____.

   a. cortinas   b. servilletas   c. carteles

7. Si el ascensor (*elevator*) no funciona, Ud. tiene que

   subir por _____.

   a. la escalera   b. el piso   c. la pared

8. Vivimos en _____ once.

   a. el dueño   b. el cuadro   c. el piso

9. Necesito _____ para abrir la puerta. ¿Sabes

   dónde está?

   a. la llave   b. el cuchillo   c. el tenedor

10. Siéntate en ese _____. Es muy cómodo.

   a. cartel   b. mantel   c. sillón

Unidad VIII: *Otras perspectivas*

AUMENTE SU VOCABULARIO: Otras formas adjetivales

Although many adjectives that are cognates follow an easily recognized pattern, others do not. For example, the adjectival form of the noun *la política* is *político/a*; the adjectival form of the noun *cultura* is *cultural*. These adjectives appear in the *Lectura cultural*.

Complete the following sentences with the adjectival form of the underlined words.

1. Cuando yo era <u>estudiante</u>, disfruté mucho de la vida

   _____.

2. Jorge tiene mucho <u>interés</u> en los deportes; dice que son muy

   _____.

3. Los libros de texto ayudan a la <u>educación</u>. Son materiales

   _____.

4. Los estudiantes tienen la <u>obligación</u> de tomar todas las

   asignaturas _____.

5. Me gusta estudiar en la <u>universidad</u> y también me gustan las

   actividades _____.

6. Su crédito tiene <u>límites</u> específicos. Está muy _____.

7. Los estudiantes se preparan para una <u>profesión</u> porque el

   sistema universitario está dirigido a la preparación

   _____.

8. ¿Era una <u>sorpresa</u>? No, para mí no era nada _____.

AUMENTE SU VOCABULARIO UN POCO MAS: Amigos falsos

There are some words that appear to be similar in Spanish and
English but do not have the same meaning; hence, they are called
false cognates. One example is the Spanish word *largo*. It
resembles the English word <u>large</u>; however, it means <u>long</u>.

Choose the appropriate words from the following list to complete
the sentences below.

asistir	éxito	parientes
atender	Facultad	pastel
colegio	grande	pies
conferencia	largo	suceso
copas	lectura	títulos
cuestión	mantel	

1. Cuando terminé de leer la _____ para mañana,

   fui a la _____ de Humanidades para escuchar

   una _____ sobre la _____ de

   los derechos humanos.

2. Miguel era un estudiante excelente en el _____,

   pero no tuvo tanto _____ en la universidad.

3. Como mucha gente importante va a _____ a la

   cena, vamos a poner un _____ lindo en la mesa

   y tomar de _____ de cristal.

4. Sus tíos y otros _____ tienen sus

   _____ de la Universidad de San Marcos.

5. El camino es muy _____ y me duelen los

   _____ después de caminar tanto.

UNIDAD VIII (LECCIONES 22-24):   VOCABULARIO ACTIVO

SUSTANTIVOS MASCULINOS	Masculine Nouns
abogado	*lawyer* (male)
agente de viajes	*travel agent* (male)
aire acondicionado	*air-conditioning*
animal	*animal*
banco	*bank*
carpintero	*carpenter*
cartel	*poster*
cirujano	*surgeon* (male)
cliente	*client, customer* (male)
comerciante	*businessman*
consultorio	*medical office*
contador	*accountant* (male)
cuadro	*painting, picture*
cuchillo	*knife*
cheque	*check*
los demás	*others; the rest*
dueño	*owner* (male); *landlord*
ejecutivo	*executive* (male)
electricista	*electrician*
electrodomésticos	*electrical appliances*
empleado	*employee, clerk* (male)
empleo	*job*
enfermo	*sick person, patient* (male)
éxito	*success*
farmacéutico	*pharmacist, druggist* (male)
futuro	*future*
hospital	*hospital*
interés	*interest*
jefe	*boss* (male)
mantel	*tablecloth*
mecánico	*mechanic*
médico	*doctor* (male)
muebles	*furniture*
negocio	*business*
nivel	*level*
nivel de vida	*standard of living*
oficios	*trades*
piso	*floor*
platillo	*saucer*
plato	*plate*
plomero	*plumber*
precio	*price*
préstamo	*loan*
programador	*computer programmer* (male)
radio	*radio*

SUSTANTIVOS MASCULINOS (cont.)   Masculine Nouns

secretario	*secretary* (male)
sillón	*armchair*
sofá	*sofa*
sueldo	*salary*
taller	*workshop, shop*
televisor	*television set*
tenedor	*fork*
todo el mundo	*everyone, everybody*
vaso	*glass*
veterinario	*veterinarian* (male)

SUSTANTIVOS FEMENINOS   Feminine Nouns

abogada	*lawyer* (female)
agente de viajes	*travel agent* (female)
alfombra	*rug, carpet*
almohada	*pillow, cushion*
calefacción	*heating*
cama	*bed*
comerciante	*businesswoman*
compañía	*company*
computadora	*computer*
contadora	*accountant* (female)
copa	*wineglass*
cortinas	*curtains*
cuchara	*spoon*
cucharita	*teaspoon*
cuenta	*account*; (bank) *account*; *bill* (payable)
cuenta corriente	*checking account*
cuenta de ahorros	*savings account*
culpa	*guilt, blame*
dueña	*owner* (female); *landlady*
ejecutiva	*executive* (female)
empleada	*employee, clerk* (female)
enfermedad	*illness*
escalera	*staircase*
farmacéutica	*pharmacist, druggist* (female)
inflación	*inflation*
instalación	*installation*
jefa	*boss* (female)
lámpara	*lamp*
luz	*light*
llave	*key*
médica	*doctor* (female)
medicina	*medicine*
moneda	*change; coin* (money)

SUSTANTIVOS FEMENINOS (cont.)   Feminine Nouns

operación	*operation*
pared	*wall*
programadora	*computer programmer (female)*
puerta	*door*
secretaria	*secretary (female)*
servilleta	*napkin*
suerte	*luck*
tarjeta de crédito	*credit card*
taza	*cup*
ventana	*window*
veterinaria	*veterinarian (female)*

ADJETIVOS   Adjectives

cómodo ≠ incómodo	*comfortable ≠ uncomfortable*
eléctrico	*electrical*
moderno ≠ antiguo	*modern ≠ old, antique*

VERBOS   Verbs

abrir	*to open*
ahorrar	*to save*
alquilar	*to rent*
apagar	*to turn off*
bajar	*to go down*
cerrar (ie)	*to close, shut*
cobrar	*to cash (a check)*
compartir	*to share*
curar	*to cure, heal*
defender (ie)	*to defend*
dirigir	*to direct*
encender (e ie)	*to turn on*
escoger	*to choose, select*
escribir a máquina	*to type*
faltar	*to be lacking*
firmar	*to sign*
ganarse la vida	*to earn a living*
gastar	*to spend*
hacer operaciones	*to operate*
llevar la cuenta	*to keep accounts*
olvidarse (de)	*to forget*
pagar	*to pay*
parecer	*to seem*
poner	*to set, place*
preparar	*to prepare*
programar	*to program*

201

VERBOS (cont.)	Verbs
quedarse	*to stay, remain*
reparar	*to fix, repair*
retirar	*to withdraw*
romper	*to break, tear*
subir	*to go up; to raise*
suponer	*to suppose*
tener (ie) la culpa	*to be to blame; be guilty*
tener éxito	*to be successful*
tratar (de)	*to try (to)*

PARTICIPIOS PASADOS IRREGULARES

abrir ⟶ abierto
decir ⟶ dicho
descubrir ⟶ descubierto
escribir ⟶ escrito
hacer ⟶ hecho
ir ⟶ ido
morir ⟶ muerto
poner ⟶ puesto
romper ⟶ roto
ver ⟶ visto
volver ⟶ vuelto

NOMBRE _____ FECHA _____ CLASE _____

25

Los turistas

EJERCICIO 1. *Un poco de historia y de cultura*

Answer the following questions using the <u>passive voice</u>. Follow the model.

    MODELO   ¿Quién escribió la novela *Don Quijote de la Mancha?*
                 (Cervantes)
                 <u>*Don Quijote de la Mancha*</u> *fue escrito por Cervantes.*

1. ¿Quién escribió la música de la ópera *Carmen?*   (Bizet)

    _____.

2. ¿Quién pintó ese cuadro cubista?   (Pablo Picasso)

    _____.

3. ¿Quién ganó el maratón de Nueva York en 1981?
(Alberto Salazar)

    _____.

4. ¿Quién recibió el Premio Nobel de literatura en 1983?
(Gabriel García Márquez)

    _____.

5. ¿Quién escribió el libro *La rebelión de las masas?*
(José Ortega y Gasset)

    _____.

6. ¿Quién descubrió la isla de Cuba?
   (Cristóbal Colón)

   _____.

EJERCICIO 2. *La vida universitaria*

Describe what life is like at your university by using the
passive *se* construction with the following cues. Follow the
model.

    MODELO   estudiar   (¿mucho o poco?)
              Se estudia mucho.

1. comer   (¿bien o mal?) _____.

2. beber   (¿vino o cerveza?) _____.

3. vivir   (¿bien o mal?) _____.

4. dar fiestas   (¿cuándo?) _____.

5. aprender mucho   (¿para qué?) _____.

6. jugar   (¿a qué deportes?) _____.

EJERCICIO 3. *¡Por favor!*

Imagine that you are traveling in Spain and that you need some
information. Ask questions using the words in the passive *se*
construction. Follow the model.

    MODELO   cómo / ir / al banco
              ¡Por favor! ¿Cómo se va al banco?

1. cómo / ir / a la estación de tren

   ¡_____?

2. dónde / vender / periódicos en inglés

   ¡_____?

204

3. cuándo / abrir / los supermercados

¡_____?

4. a qué hora / cerrar / el museo

¡_____?

5. a qué hora / almorzar

¡_____?

6. cómo / decir / "soccer" en español

¡_____?

EJERCICIO 4. *Características personales*

Describe yourself. First say what you are not or what you do
not do, and then indicate what you are and what you do. Use the
word *sino*, as in the models.

MODELO   No soy _____*rubio/a sino moreno/a*_____.
          No voy a la universidad _*en coche sino en autobús*_.

1. No soy _____.

2. No vivo _____.

3. No quiero ser _____.

4. No quiero trabajar _____.

5. No estudio _____.

6. No juego _____.

26

Una carta del viajero

EJERCICIO 1. *Etapas* (Stages)

Read what certain people do or do not do yet, and tell what
stage they are at in these activities. Use the verbs in
parentheses followed by <u>infinitive</u> phrases, as in the model.
Be sure to use the appropriate prepositions.

MODELO   Manuel pinta.   (aprender)
          Aprende a pintar.

1. Tomás habla inglés.   (insistir)

_____.

2. Tú hablas español.   (acostumbrarse)

_____.

3. No juego bien al tenis.   (tratar)

_____.

4. Mi hermano menor maneja.   (aprender)

_____.

5. Alicia no estudia.   (terminar)

_____.

6. Uds. no trabajan.   (cansarse)

   _____.

7. No me preparo para el examen.   (olvidarse)

   _____.

8. Clara toca el piano muy bien.   (empezar)

   _____.

EJERCICIO 2.   *¿Y Ud.?*

Write about yourself by completing each of the sentences below
with the appropriate <u>preposition</u> and an <u>infinitive phrase</u> of
your choice.

1. De vez en cuando, tardo _____.

2. No me canso nunca _____.

3. Me alegro _____.

4. En el futuro, trataré _____.

5. Algún día dejaré _____.

6. No sé si me acostumbraré _____.

7. Espero aprender _____.

8. Nunca me olvido _____.

9. Mis padres me enseñaron _____.

EJERCICIO 3.   *El futuro personal*

Complete the following sentences with infinitive expressions of
your choice.

1. Voy a buscar un trabajo después de _____.

2. Espero hacer viajes antes de _____.

3. Quiero ganar dinero para _____.

4. Quiero _____ en vez de _____.

5. Voy a _____ en vez de _____.

6. Voy a _____ después de _____.

7. Para mí, es imposible estar contento/a sin _____.

8. No puedo _____ sin _____.

EJERCICIO 4.   *¿De quién es?*

Imagine that over the summer several friends stored their
belongings at your place. Now you must give their things
back to them, but you can't remember what belongs to whom.
Fortunately, your friend Juanita remembers and tells you. Form
her statements by completing the sentences below with the
appropriate forms of *ser* and the stressed possessive adjectives
that refer to the names given in parentheses.

     MODELO   (Carlos)
             La bicicleta _____ *es suya* _____.

1. (Enrique)   El pasaporte _____.

2. (Susana)   Los discos _____.

3. (Antonio y Clara)   Los boletos _____.

4. (Elena y Luisa)   El tocadiscos _____.

5. (mis primos)   La tienda de campaña _____.

6. (Uds.)   Los zapatos _____.

7. (yo)   La raqueta _____.

8. (tú)   El saco de dormir _____.

9. (Jaime y yo)   Las maletas _____.

10. (yo) El reloj _____.

11. (tú) La mochila (*backpack*) _____.

12. (nosotros) Los cheques de viajero _____.

EJERCICIO 5. *¿Cuál verbo?*

Complete the sentences below with the appropriate <u>present</u>
<u>indicative</u> forms of the verbs in the box. Be logical.

```
acostumbrarse    pesar        tardar
fumar            quejarse     volar
pararse
```

1. ¿Cuánto _____ la maleta azul?

2. Ud. nunca está contento. Siempre _____ de

   algo.

3. El avión _____ a una altitud de unos 5.000

   metros.

4. ¿Por qué _____ tú? ¿No sabes que es muy

   malo para la salud?

5. Cuando voy al centro, siempre _____ en las

   tiendas de discos.

6. Paco, recibiste esta carta hace dos semanas. ¿Por qué

   _____ tú en contestarla?

7. Mi primo pasa las vacaciones en Inglaterra.

   _____ a conducir a la izquierda.

210

EJERCICIO 6. *La palabra lógica*

Complete the sentences below with the words that fit logically.

1. Cuando Ud. viaja al extranjero, debe presentar su pasaporte

    en _____.

    a. la aduana   b. el viajero   c. la tienda

2. No necesitas quedarte en el hotel. Si quieres, puedes ir

    _____. ¡Es más barato!

    a. al paisaje   b. a la tienda de campaña   c. al albergue

    juvenil

3. Si quieres acampar este verano, tienes que comprar

    _____.

    a. un pasaje   b. una tienda de campaña   c. una cama

4. Mi primo no tiene coche sino _____. Es más

    práctico para transportar muebles y otras cosas.

    a. una camioneta   b. una mochila   c. una motocicleta

5. Cuando viajo en tren, me gusta mirar _____ por

    la ventana.

    a. el paisaje   b. el boleto   c. el vuelo

6. _____ de Madrid a Nueva York dura unas seis

    horas.

    a. El viajero   b. La bolsa   c. El vuelo

211

7. Cuando viajas en avión o en coche, es mejor ponerte

   _____.

   a. el asiento   b. el cinturón de seguridad   c. el equipaje

8. _____ va a traernos café y sándwiches.

   a. El aeromozo   b. El pasajero   c. El viajero

9. Voy a ir a Barcelona el lunes y regresar el miércoles.

   ¿Puede decirme cuánto cuesta _____?

   a. la bolsa   b. el equipaje   c. el boleto de ida y vuelta

10. ¿Es cómodo _____?

   a. el asiento   b. el cinturón   c. el billete

27

La política

EJERCICIO 1. *Reacciones personales*

Describe your personal reactions to the following statements by beginning each sentence with *Me alegro de que* or *Siento que* and using the <u>subjunctive</u>.

1. No se puede resolver todos los problemas del mundo.

   _____.

2. Las mujeres de hoy están más conscientes de sus oportunidades.

   _____.

3. Algunas naciones tienen la bomba atómica.

   _____.

4. Los Estados Unidos desarrollan (*develop*) el uso de la energía nuclear.

   _____.

5. Los estudiantes tienen interés en la vida política.

   _____.

213

6. Muchos políticos son conservadores.

_____.

7. La revolución siempre es posible.

_____.

EJERCICIO 2. *Las preocupaciones* (Worries)

There are days when everyone seems to complain or worry about something. Express the gripes of the people below, according to the model.

MODELO el profesor / temer (los estudiantes no hacen la tarea)
El profesor teme que los estudiantes no hagan la tarea.

1. Roberto / sentir (Marta no lo quiere)

_____.

2. nosotros / temer (nuestros amigos están de mal humor)

_____.

3. la Sra. Meléndez / asombrarse (la vida es tan cara)

_____.

4. el presidente / sentir (los periodistas lo critican)

_____.

5. la gente / tener miedo (los políticos no solucionan la crisis económica)

_____

_____.

EJERCICIO 3. *El universo misterioso*

Does everything that goes on in the universe have a rational
explanation? Express your feelings about the following, using
such expressions as *creo, dudo,* or *no creo.*

> MODELO   La ciencia lo explica todo.
> *Creo que la ciencia lo explica todo.*
> <u>or</u> *No creo que la ciencia lo explique todo.*

1. Vivimos en una época totalmente racional.

   _____.

2. Vivimos en un mundo muy misterioso.

   _____.

3. La telepatía es un fenómeno real.

   _____.

4. Es posible saber el futuro.

   _____.

5. Es posible comunicarse con los muertos.

   _____.

6. Todos tenemos facultades extrasensoriales.

   _____.

EJERCICIO 4.   ¿Está Ud. de acuerdo?

Do you agree with the following statements? Express your own
views in complete sentences. Begin each one with one of the
expressions from the *Vocabulario* in your textbook on page 382.

> MODELO   La universidad prepara a los estudiantes para la vida.
> *Es verdad que la universidad prepara a los estudiantes*
> *para la vida.*
> or *No es verdad que la universidad prepare a los*
> *estudiantes para la vida.*

1. Mi universidad es la mejor de los Estados Unidos.

   _____.

2. Mis compañeros son muy estudiosos.

   _____.

3. Mis profesores tienen mucha paciencia.

   _____.

4. Hay soluciones para todos los problemas.

   _____.

5. Los Estados Unidos tiene el mejor sistema político del mundo.

   _____

   _____.

6. El gobierno está tratando de resolver los problemas de la
   energía.

   _____

   _____.

7. Podemos explicarlo todo.

   _____.

8. Podemos eliminar toda la injusticia.

   _____.

EJERCICIO 5.   *¿Cuál verbo?*

Complete the following sentences with the verbs or expressions that fit logically.

1. El doctor es pesimista. _____ que yo tenga

   pulmonía (*pneumonia*).

   a. No cree   b. Duda   c. Teme

2. No comprendo tu actitud. _____ que no me digas

   la verdad.

   a. Insisto en   b. Me alegro   c. Me asombro

3. Felipe está triste. _____ que Uds. no vengan

   a su fiesta de cumpleaños.

   a. Siente   b. Duda   c. Sabe

4. Lo siento, señor. _____ que Ud. fume en mi

   oficina.

   a. Me molesta   b. Me gusta   c. Tengo miedo de

5. Somos realistas. _____ que es difícil

   transformar la sociedad.

   a. Sentimos   b. Tememos   c. Nos damos cuenta de

6. Paco siempre es muy puntual. _____ que él no

   llegue a tiempo a la cita.

   a. Me sorprende   b. Temo   c. Estoy seguro de

7. El candidato es muy optimista. _____ que el

   público va a votar por él.

   a. Niega   b. Duda   c. Cree

217

Unidad IX: Otras perspectivas

AUMENTE SU VOCABULARIO: Los sufijos *-ez*, *-eza*

In Spanish, the suffix *-ez* or, more frequently, *-eza* may be added
to an adjective to create a noun referring to a quality. Such
nouns are feminine.

    natural ⟶ *naturaleza*   *bello* (beautiful) ⟶ *belleza*

Guess the meanings of the following nouns and give the original
adjectives. Then use the words in original sentences to describe
the place where you live.

1. la riqueza _____ _____

   _____.

2. la pobreza _____ _____

   _____.

3. la tristeza _____ _____

   _____.

4. la escasez _____ _____

   _____.

5. la grandeza _____ _____

   _____.

6. la limpieza _____ _____

   _____.

AUMENTE SU VOCABULARIO UN POCO MÁS: Los cognados que terminan
en *-ma* y *-ta*

Some cognates that end in *-ma* are masculine. Cognates ending
in *-ta* may be masculine or feminine, according to the person to
whom they refer. For example, one can speak of *el turista* and *la turista*.

Complete the following sentences with the correct forms of the
definite or indefinite articles.

El buen turista tiene...

...un conocimiento _____ idioma de otro país.

...suficiente dinero para mandar _____ telegrama diciendo
   "Necesito más dinero".

...los números de teléfono necesarios en caso de tener _____
   problema;

   por ejemplo, el número de un doctor o _____ dentista.

...una calculadora para tratar con _____ sistema monetario
   de otros países.

...una guía (*guidebook*) que también menciona a _____ poetas
   y otros artistas importantes del país.

UNIDAD IX (LECCIONES 25-27): VOCABULARIO ACTIVO

SUSTANTIVOS MASCULINOS

Masculine Nouns

aeromozo	*flight attendant* (male)
aeropuerto	*airport*
albergue juvenil	*youth hostel*
árbol	*tree*
asiento	*seat*
boleto	*ticket*
boleto de ida	*one-way ticket*
boleto de ida y vuelta	*round-trip ticket*
camino	*road, highway*
campo	*field, country(side)*
cinturón de seguridad	*seat belt*
ciudadano	*citizen* (male)
clima	*climate*
cheque de viajero	*traveler's check*
edificio	*building*
equipaje	*baggage*
gobierno	*government*
lago	*lake*
mapa	*map*
paisaje	*landscape, scenery*
parque	*park*
pasajero	*passenger* (male)
pasaporte	*passport*
político	*politician*
pueblo	*people* (nation)
quiosco	*newsstand*
río	*river*
saco de dormir	*sleeping bag*
suburbio	*suburb*
turista	*tourist* (male)
viajero	*traveler* (male)
voto	*vote*
vuelo	*flight*

SUSTANTIVOS FEMENINOS

Feminine Nouns

aduana	*customs*
aerolínea	*airline*
aeromoza	*flight attendant* (female)
autopista	*toll road*
bolsa	*bag*
camioneta	*van*
carnicería	*butcher shop*
ciudad	*city*

221

ciudadana	*citizen (female)*
cuadra	*city block*
democracia	*democracy*
eleccion	*election*
estación	*season*
fuente	*fountain*
granja	*farm*
heladería	*ice cream parlor*
lavandería	*laundry*
lechería	*dairy products store*
ley	*law*
libertad	*liberty*
librería	*bookstore*
lucha	*fight, struggle*
maleta	*suitcase*
mayoría	*majority*
minoría	*minority*
mochila	*backpack*
montaña	*mountain*
panadería	*bakery*
papelería	*stationery store*
parada de autobús	*bus stop*
pasajera	*passenger (female)*
política	*politics; policy*
tienda de campaña	*tent*
tintorería	*drycleaner*
turista	*tourist (female)*
verdulería	*greengrocery, fruit and vegetable store*
viajera	*traveler (female)*
voz	*voice*
zapatería	*shoe store*

ADJETIVOS

Adjectives

agradable	*pleasant*
apático	*apathetic*
consciente	*conscious, aware*
cuidadoso	*careful*
desagradable	*unpleasant*
justo	*fair*
peligroso	*dangerous*
político	*political*

VERBOS	Verbs
acampar	*to camp, go camping*
asombrarse de	*to be astonished, amazed*
bajar de	*to get off*
darse cuenta de	*to realize*
doblar a la derecha	*to turn right*
doblar a la izquierda	*to turn left*
elegir	*to elect; to choose*
fumar	*to smoke*
luchar	*to struggle; to fight*
pararse	*to stop*
pasarlo bien	*to have a good time*
pesar	*to weigh*
quejarse (de)	*to complain (about)*
resolver (ue)	*to solve, resolve*
seguir (i)	*to follow, continue*
seguir derecho	*to go straight ahead*
sentir (ie)	*to be sorry, regret*
sorprenderse	*to be surprised*
subir a	*to get on*
temer	*to fear, dread*
tener interés en	*to be interested in*
tener miedo de	*to be afraid*
viajar a dedo	*to hitchhike*
volar (ue)	*to fly*
votar (por)	*to vote (for)*

VERBOS SEGUIDOS DE INFINITIVOS	Verbs Followed by Infinitives
acabar de	*to have just*
acostumbrarse a	*to get used to*
alegrarse de	*to be glad about*
aprender (ie) a	*to learn (how) to*
ayudar a	*to help to*
cansarse de	*to get tired of*
comenzar (ie) a	*to begin to*
deber	*ought, should*
dejar de	*to stop*
empezar (ie)	*to begin to*
enseñar a	*to teach*
gustar	*to please*
hay que	*one has to, one must*
insistir en	*to insist on*
ir a	*to be going to*
necesitar	*to need*
olvidarse de	*to forget to*

223

VERBOS (cont.)	Verbs
pensar en	*to think about*
permitir	*to permit, allow*
poder (ue)	*to be able to, can*
preferir (ie)	*to prefer*
prohibir	*to prohibit, forbid*
querer (ie)	*to want to*
saber	*to know how to*
tardar en	*to take a long time*
tener que	*to have to*
terminar de	*to finish, end*
tratar de	*to try to*

NÚMEROS ORDINALES	Ordinal Numbers
primero (primer)	*first*
segundo	*second*
tercero (tercer)	*third*
cuarto	*fourth*
quinto	*fifth*
sexto	*sixth*
séptimo	*seventh*
octavo	*eighth*
noveno	*ninth*
décimo	*tenth*

POSESIVOS ACENTUADOS	Stressed Possessives
mío	*my, of mine*
nuestro	*our, of ours*
suyo	*his, of his; her, of hers; its; your, of yours (formal); their, of theirs*
tuyo	*your, of yours (familiar singular)*
vuestro	*your, of yours (familiar plural)*

28

La entrevista

EJERCICIO 1. *La compañía internacional*

Imagine that you are in charge of recruiting personnel for a
multinational corporation that is opening a branch in Argentina.
Prepare the job advertisements as in the model.

> MODELO   un/a secretario/a   (hablar inglés y español)
> *Buscamos un/a secretario/a que hable inglés
> y español.*

1. un/a secretario/a   (poder escribir sesenta palabras por
   minuto a máquina)

   _____

   _____.

2. un/a jefe/a de personal   (tener experiencia con los
   problemas de los empleados)

   _____

   _____ _____.

3. tres ingenieros/as   (conocer las técnicas electrónicas
   modernas)

   _____

   _____.

225

4. dos programadores/as   (conocer los métodos modernos de
   programación)

   _____

   _____.

5. un/a intérprete   (hacer traducciones del inglés al francés)

   _____

   _____.

EJERCICIO 2.   *Cambios*

The following people are not happy with the way things presently
are and hope to change them. Describe what each one is looking
for.

    MODELO   La camioneta de Raúl no funciona bien.
              Raúl busca una camioneta que funcione bien.

1. El coche de Antonia gasta mucha gasolina.

   _____.

2. El novio de Paquita teme el matrimonio.

   _____.

3. La cocina eléctrica de Silvia no es moderna.

   _____.

4. El apartamento de mis primos no tiene aire acondicionado.

   _____.

5. El secretario de la señora Ortiz no sabe escribir a máquina.

   _____.

6. Los asistentes del profesor Múñoz no tienen experiencia.

   _____.

7. Los compañeros de cuarto de Tomás fuman.

_____.

EJERCICIO 3. *Las elecciones*

Señor Fonseca is the leading candidate for a congressional seat.
The following people will vote for him . . . provided that he
does certain things. Express this according to the model.

    MODELO   Jaime   (solucionar el problema de la inflación)
              Jaime votará por él con tal que solucione el
              problema de la inflación.

1. yo   (luchar por la paz)

_____.

2. tú   (proteger el medio ambiente [*environment*])

_____.

3. nosotros   (prohibir el uso de la energía nuclear)

_____.

4. los estudiantes   (construir universidades nuevas)

_____.

5. mi hermano   (ayudar a los estudiantes)

_____.

6. mis padres   (reducir los impuestos [*taxes*])

_____.

227

EJERCICIO 4. *La generosidad*

Rafael lends what he has to people so that they can do various things. Express this, using the conjunction *para que*, as in the model.

> MODELO   a Carlos   (su tocadiscos / escuchar discos de música latina)
> *Le presta su tocadiscos a Carlos para que escuche discos de música latina.*

1. a Teresa   (su radio / escuchar programas de política)

   _____

   _____ .

2. a Andrés   (su televisor / mirar las noticias)

   _____ .

3. a Ramón   (su moto / ir a la playa)

   _____ .

4. a José   (su coche / hacer un viaje)

   _____ .

5. a mí   (dos dólares / comprar una hamburguesa)

   _____ .

6. a ti   (cinco dólares / comprar un libro)

   _____ .

7. a nosotros   (veinte dólares / ir al restaurante)

   _____

   _____ .

EJERCICIO 5. *Condiciones*

When people give something, it is often for a certain reason or
with certain conditions attached. Express this in complete
sentences, using the verb *dar*, according to the model.

    MODELO mis padres / a mí / dinero / para que / hacer compras
            Mis padres me dan dinero para que haga compras.

1. la Sra. Sánchez / a su secretaria / un aumento de sueldo
   (*raise*) / con tal que / trabajar más

   _____

   _____.

2. yo / a mi hermanito / un dólar / para que / comprarse un
   helado

   _____

   _____.

3. Elena / a Enrique / su número de teléfono / en caso de que /
   perderse

   _____

   _____.

4. Felipe / a mí / su dirección / antes de que / ir de
   vacaciones

   _____

   _____.

5. los padres de Antonia / a su hija / una micro-computadora /
   para que / aprender a programar

   _____

   _____.

229

6. yo / a Uds. / el periódico / para que / leer los avisos

_____

_____.

7. yo / a ti / un boleto para el cine / a menos que / tener
que / estudiar esta noche

_____

_____.

EJERCICIO 6.   *¡De acuerdo!*

Say that the following people can do the things that they want
to do. Use <u>indirect commands</u>.

   MODELO   Rafael quiere salir.
            ¡Que salga!

1. Emilio quiere poner música clásica. ¡_____!

2. Uds. quieren apagar el radio.   ¡_____!

3. Ud. quiere dirigir la compañía.   ¡_____!

4. Esos estudiantes quieren buscar trabajo. ¡_____!

5. Elena quiere mandar su currículum.   ¡_____!

EJERCICIO 7.   *La palabra lógica*

Complete the following sentences with the words that fit
logically.

1. La Sra. Soto tiene sesenta años. Va a _____

   dentro de unos cinco años.

   a. casarse   b. jubilarse   c. salir

2. Marta tiene suerte. _____ un buen trabajo en

   una compañía internacional.

   a. Compartió   b. Consiguió   c. Siguió

3. ¿A quién le mandaste tu _____ de empleo?

   a. solicitud   b. beneficio   c. cita

4. Los miembros _____ votaron por la huelga.

   a. del sindicato   b. del ambiente   c. de la ocupación

5. El nuevo ingeniero tiene muchos _____ teóricos

   pero no tiene ninguna experiencia práctica.

   a. avisos   b. beneficios   c. conocimientos

6. Tengo _____ con el jefe de publicidad el martes

   próximo.

   a. un currículum   b. un aviso   c. una entrevista

7. _____ es un problema económico muy grave en los

   países latinoamericanos.

   a. El entusiasmo   b. El desempleo   c. El conocimiento

8. No sé si voy a aceptar la oferta (*offer*) de empleo de esa

   compañía. Claro, los beneficios son bastante buenos, pero

   no me gusta _____.

   a. el ambiente   b. el currículum   c. el aviso

29

Cartas de los lectores

EJERCICIO 1.   *Todo cambia*

Read why certain people are not doing certain things; then say they will do these things once the conditions change.   Follow the model.

MODELO   Como no tengo dinero, no viajo.
Cuando tenga dinero, viajaré.

1. Como Roberto no tiene novia, no sale mucho.

_____.

2. Como Alberto no conoce a María, no la invita a salir.

_____.

3. Como no tenemos exámenes, no estudiamos.

_____.

4. Como Uds. no saben manejar, no compran un coche.

_____.

5. Como Ud. no está de vacaciones, no va a la playa.

_____.

6. Como no estudias, no sacas buenas notas.

_____.

7. Como no escucho al profesor, no comprendo lo que dice.

_____.

EJERCICIO 2.   *¿Hasta cuándo?*

The following people will do certain things until specific goals
are reached. Express this as in the model.

   MODELO   Jorge   (asistir a la universidad / recibir su diploma)
            Jorge asistirá a la universidad hasta que reciba su
            diploma.

1. yo   (quedarse en México / hablar español perfectamente)

_____.

2. los empleados   (estar en huelga / obtener mejores
   condiciones de trabajo)

_____

_____.

3. mi papá   (trabajar / jubilarse)

_____.

4. el presidente   (luchar / eliminar la corrupción)

_____.

5. tú   (leer los avisos / encontrar trabajo)

_____.

6. nosotros   (alquilar este apartamento / comprar una casa)

_____.

234

EJERCICIO 3.   *¿Y Ud.?*

Complete the sentences below with phrases of your own making.
Be sure to use the underline{subjunctive}.

1. Compraré un coche nuevo cuando _____

    _____.

2. Haré un viaje al Perú cuando _____

    _____.

3. Me casaré cuando _____

    _____.

4. Seré totalmente independiente cuando _____

    _____.

5. Seré completamente feliz cuando _____

    _____.

EJERCICIO 4.   *¿Qué habrá pasado?*

Susana just quit her job and left without a word. Everyone in
the company is trying to imagine what could have happened. Form
their suppositions as in the model. Be sure to put the verbs in
the present perfect subjunctive.

    MODELO   no gustar / el ambiente aquí
             Es posible que no le haya gustado el ambiente aquí.

1. encontrar / un empleo con mejores beneficios

    _____

    _____.

2. empezar / su propio (*own*) negocio

_____.

3. aceptar / un trabajo más interesante

_____

_____.

4. ir / a vivir en otra ciudad

_____.

5. estar / enferma

_____.

6. hacer / un viaje largo

_____.

7. sacarse / el gordo (*grand prize in the lottery*)

_____.

EJERCICIO 5.   *¿Por qué?*

Explain the feelings of the people below by describing what has happened or what may have happened. Complete the sentences with the appropriate <u>affirmative</u> or <u>negative</u> forms of the <u>present perfect subjunctive</u> of the indicated verbs.

MODELO   (su novia / escribirle)
         Raúl siente _____ *que su novia no le haya escrito* _____.

1. (los estudiantes / salir bien en el examen)

   El profesor teme _____.

2. (yo / conseguir el empleo)

   Mis padres se alegran _____.

3. (sus amigos / llamarlo durante las vacaciones)

Felipe siente que _____.

4. (el presidente / aumentar los impuestos)

Los comerciantes sienten que _____

_____.

5. (tú / romper mi tocadiscos)

Estoy furioso de que _____.

6. (nosotros / votar por él)

El candidato se alegra de que _____.

EJERCICIO 6. *La palabra lógica*

Complete the sentences below with the words that fit logically.

1. Por favor, Paco. ¿Puedes lavar los platos y sacar

_____?

a. la belleza   b. la basura   c. el jardín

2. En las ciudades grandes, los coches contribuyen al alto

nivel de _____.

a. impuestos   b. falta de espacio   c. contaminación del aire

3. Cada mes, tenemos que pagarle _____ a la dueña

del apartamento.

a. el alquiler   b. la basura   c. la vivienda

237

4. En el centro, se construye _____ de cuarenta pisos.

    a. una oficina   b. un rascacielos   c. una granja

5. En los Estados Unidos, la gente tiene que pagar _____ antes del 15 de abril.

    a. los impuestos   b. el alquiler   c. los servicios

6. En muchos países del tercer mundo, la población _____ más rápido que el producto nacional.

    a. crea   b. cree   c. crece

7. En las ciudades, el costo de la vida es más _____ que en el campo.

    a. escaso   b. alto   c. raro

8. Con sus parques, Madrid es una ciudad _____.

    a. hermosa   b. baja   c. pequeña

9. Cuando no llueve, las plantas no _____.

    a. crecen   b. mueren   c. comen

10. En las ciudades modernas, el espacio libre es más y más _____.

    a. barato   b. grave   c. escaso

30

Hacia un mundo mejor

EJERCICIO 1.   *Esperanzas*

Describe the expectations of the following people. Use the
imperfect of *querer* and the imperfect subjunctive of the verbs
in parentheses.

>   MODELO   la gente   (el presidente / resolver el problema
>   del desempleo)
>   *La gente quería que el presidente resolviera el
>   problema del desempleo.*

1. el profesor   (los estudiantes / discutir menos y trabajar más)

   _____.

2. mis padres   (yo / estudiar y salir bien en el examen)

   _____.

3. tu abuelo   (tú / vivir en Puerto Rico y aprender español)

   _____.

4. el médico   (nosotros / comer productos naturales y beber
   jugos de fruta)

   _____

   _____.

5. mis amigos   (yo / llamarlos y escribirles durante las vacaciones)

   _____

   _____.

6. la gente   (el gobierno / destruir las generadoras [*generators*] nucleares y construir hospitales y universidades)

   _____

   _____.

EJERCICIO 2. *La insistencia*

If the following people did what they did, it was because they were either encouraged or asked to do so. Fill in the first blank with the appropriate <u>preterite</u> form of the verb in parentheses and the second with the <u>imperfect subjunctive</u> form.

   MODELO   (ir)   Elena y Clara __*fueron*__ a España. Su papá les dio dinero para que __*fueran*__ allí.

1. (ir)   Mis amigos _____ a la playa. Les

   presté mi coche para que _____ allí.

2. (venir)   Tomás y Rubén _____ a mi fiesta.

   Insistí en que _____.

3. (poder)   Mis hermanas _____ escuchar el

   programa. Les presté mi radio para que lo _____

   escuchar.

4. (poner)   Raúl y Felipe _____ la mesa. Su

   hermana les pidió que la _____.

5. (conducir)   Mis primos no _____ mi coche. No

   les permití que lo _____.

6. (ser) Adela y Teresa _____ estudiantes

modelos. Sus padres insistían en que _____ así.

7. (decir) Tus amigos te _____ la verdad.

Insististe en que te la _____.

8. (hacer) Los estudiantes _____ la tarea. El

profesor les recomendó que la _____.

9. (tener) Mis hermanos _____ cuidado con el

coche. Mi mamá insistió en que lo _____.

10. (dar) Teresa y Olga _____ una fiesta. Sus

padres les permitieron que la _____.

11. (estar) Mis primos no _____ enfermos. El

médico les dio medicina para que no _____

enfermos.

EJERCICIO 3. *Si...*

What people are able to do often depends on what they have.
Express this by using the <u>imperfect subjunctive</u> of *tener* and the
words suggested below. Follow the model.

MODELO   Paco / un coche / asistir a más fiestas
         Si Paco tuviera un coche, asistiría a más fiestas.

1. yo / tiempo / viajar a África

_____.

2. Adela / una guitarra / tocar música flamenca para nosotros

_____

_____.

3. tú / dinero / comprarte un coche

_____.

4. mis padres / más dinero / comprar una casa en el campo

_____.

5. Uds. / más paciencia / esperar a sus amigos

_____.

6. nosotros / vacaciones ahora / ir a la playa

_____.

7. yo / más imaginación / escribir una novela

_____.

8. Ud. / 18 años / poder votar

_____.

EJERCICIO 4. *Hacia un mundo mejor*

Complete the following sentences with personal ideas.

1. Los hombres y las mujeres serían iguales si _____

_____.

2. No habría conflicto entre las generaciones si _____

_____.

3. No habría una crisis de energía si _____

_____.

4. Habría menos contaminación si _____

_____.

5. El mundo sería mejor si _____

_____.

6. La vida sería más fácil si _____

_____.

7. Los precios bajarían si _____

_____.

8. La gente sería más feliz si _____

_____.

EJERCICIO 5. *¿Y Ud.?*

Say what you would do in the following situations.

    MODELO   no graduarme
             Si no me graduara, buscaría un trabajo
             (iría a España...).

1. tener mil dólares

_____.

2. vivir en el campo

_____.

3. ver un accidente

_____.

4. ver un platillo volador (*flying saucer*)

_____.

5. ser presidente/a de los Estados Unidos

_____.

6. ser el profesor/la profesora de esta clase

_____.

243

UNIDAD X (LECCIONES 28-30): VOCABULARIO ACTIVO

SUSTANTIVOS MASCULINOS — Masculine Nouns

alquiler	*rent*
ambiente	*atmosphere; environment*
asunto	*matter*
aviso	*classified ad*
barrio pobre	*slum*
beneficio	*benefit*
conocimiento	*knowledge*
costo de la vida	*cost of living*
crimen	*crime*
desempleo	*unemployment*
entrenamiento	*training*
entusiasmo	*enthusiasm*
estado	*state*
impuestos	*taxes*
individuo	*individual* (male)
miembro	*member*
mundo	*world*
negocio	*business*
petróleo	*oil*
poder	*power*
rascacielos	*skyscraper*
servicio	*service*
sindicato	*union*
sistema	*system*
transporte	*transportation*
valor	*value*

SUSTANTIVOS FEMENINOS — Feminine Nouns

aglomeración de gente	*crowds*
aglomeración de tráfico	*traffic congestion*
basura	*garbage*
belleza	*beauty*
calidad de vida	*quality of life*
capacidad	*ability*
cita	*date, appointment*
confianza	*confidence, trust*
contaminación del aire	*air pollution*
corrupción	*corruption*
crisis	*crisis*
cuestión	*question, issue, matter*
desventaja	*disadvantage*
dictadura	*dictatorship*

SUSTANTIVOS FEMENINOS (cont.)   Feminine Nouns

entrevista	*interview*
experiencia	*experience*
falta de espacio libre	*lack of open space*
individua	*individual* (female)
industria	*industry*
ocupación	*occupation*
población	*population*
pobreza	*poverty*
posibilidad	*possibility*
profesión	*profession*
responsabilidad	*responsibility*
revolución	*revolution*
riqueza	*riches*
satisfacción	*satisfaction*
sociedad	*society*
solicitud	*application form*
tierra	*land*
ventaja	*advantage*
vivienda	*housing*

ADJETIVOS   Adjectives

alto	*high*
bajo	*low*
deprimido	*depressed*
entusiasmado	*enthusiastic*
escaso	*scarce*
grave	*serious*
hermoso	*beautiful*
insatisfecho	*dissatisfied*
satisfecho	*satisfied*

VERBOS   Verbs

conseguir (i)	*to get, obtain*
contaminar	*to pollute*
controlar	*to control; to check*
crear	*to create*
crecer (-zco)	*to grow*
discutir	*to discuss*
escaparse	*to escape*
establecer	*to establish*
jubilarse	*to retire*
mejorar	*to improve*
rechazar	*to reject*
reducir (-zco)	*to reduce*
reformar	*to reform*
transformar	*to transform*

FORMAS IRREGULARES DEL IMPERFECTO DEL SUBJUNTIVO	Irregular Forms of the Imperfect Subjunctive
que condujera	*that I drove*
que dijera	*that I said*
que durmiera	*that I slept*
que estuviera	*that I was*
que fuera	*that I was*
que fuera	*that I went*
que hiciera	*that I did*
que hubiera	*that I had*
que pudiera	*that I could*
que pusiera	*that I put*
que quisiera	*that I wanted*
que sirviera	*that I served*
que supiera	*that I knew*
que tuviera	*that I had*
que viniera	*that I came*

CONJUNCIONES QUE PRECEDEN EL SUBJUNTIVO	Conjunctions That Precede the Subjunctive
a condición de que	*on condition (that)*
a menos que	*unless*
antes de que	*before*
con tal que	*provided, providing (that)*
en caso de que	*in case (that)*
para que	*so (that)*
sin que	*without*
como si	*as if; as though*

CONJUNCIONES QUE PUEDEN PRECEDER O EL SUBJUNTIVO O EL INDICATIVO	Conjunctions That May Precede Either the Subjunctive or the Indicative
así que	*as soon as*
cuando	*when*
en cuanto	*as soon as*
hasta que	*until*
tan pronto como	*as soon as*

247

LABORATORY MANUAL

NOMBRE *Ana Woody* FECHA *9-10-90* CLASE *Español*

A

¡Qué coincidencia!

EJERCICIO 1. *Listening*

Two young tourists are visiting the Prado Museum in Madrid. Listen carefully as they strike up a conversation.

EJERCICIO 2. *Listening and Repeating*

Now listen carefully to the conversation again and repeat it during the pauses.

EJERCICIO 3. *Vocabulario*

Practice the following greetings by repeating them after the speaker.

251

EJERCICIO 4. *Fonética*

You will now hear the correct pronunciation of all the letters of
the Spanish alphabet. Each letter will be followed by a sample
word. Repeat each letter and each word after the speaker.

a	Ana	n	Nicolás
b	Blanca	ñ	mañana
c	Carlos; Cecilia	o	Olga
ch	Chela	p	Pablo
d	Diego	q	Enrique
e	Elena	r	María; Ramón
f	Felipe	s	Susana
g	Gloria; Gilberto	t	Teresa
h	Hernando	u	Arturo
i	Isabel	v	Víctor
j	Juan	w	sándwich
k	Karen	x	examen
l	Luis	y	Yolanda
ll	Guillermo	z	Beatriz
m	Marcos		

EJERCICIO 5. *Speaking*

The speaker will tell you the names of the capitals of some of
the countries in the Hispanic world. Listen to the model and
then follow it to make sentences of the information you are
given. Repeat the correct answer after the speaker.

MODELO   Madrid / España
          Madrid es la capital de España.

NOMBRE _Ana Woody_ FECHA _9-10-90_ CLASE _Español_

EJERCICIO 6. *Escenas de la vida*

Below you will find pictures and answers to questions that will
be asked about each picture. Listen to the questions and give
the corresponding answer. Repeat the correct answer after the
speaker.

1. Es el señor Cañedo.   2. Es Teresa.   3. Es la señorita Rivera.

4. Se llama Carlos.   5. Se llama Catalina.

253

B

¡Menos mal!

EJERCICIO 1. *Listening*

Felipe and Paco are students at the Universidad de San Marcos,
in Lima, Peru. They have just met each other in a café. Listen
to their conversation.

EJERCICIO 2. *Listening and Repeating*

Listen again to the conversation between Felipe and Paco and
repeat each phrase during the pause.

EJERCICIO 3. *¿Qué estudias?*

The speaker will name some of the subjects you may be studying.
Repeat them as they are pronounced.

español	historia	arte
inglés	matemáticas	música
biología	cálculo	literatura
filosofía	trigonometría	psicología

EJERCICIO 4. *Los números*

The speaker will count from 0 to 20 in Spanish. Repeat each
number as you hear it.

EJERCICIO 5. *¿Cuál es el número?*

You will hear the numbers from 0 to 20 again, but this time they
will not be given in order. Listen carefully and write the
number you hear in the corresponding space below. Write the
number, not the word.

1. _____14_____   8. _____0_____   15. _____17_____

2. _____3_____   9. _____11_____   16. _____9_____

3. _____20_____   10. _____8_____   17. _____12_____

4. _____10_____   11. _____19_____   18. _____18_____

5. _____5_____   12. _____4_____   19. _____1_____

6. _____13_____   13. _____15_____   20. _____6_____

7. _____16_____   14. _____7_____   21. _____2_____

EJERCICIO 6. *Fonética*

Repeat the following words after the speaker, being careful to
notice the stressed syllable. All the words end with a vowel,
-n, or *-s.*

señora   señorita   quince   accidente   claro   cero   Carmen

llaman   examen   buenas   tardes   gracias

Repeat each of the following words after the speaker. These
words end in consonants other than *-n* or *-s.*

señor   hospital   universidad   profesor   doctor

256

NOMBRE _Ana Woody_   FECHA _9-17-90_ CLASE _Español_

EJERCICIO 7. *Los números*

Practice the numbers from 21 to 29 by repeating them after the speaker.

veintiuno	veinticuatro	veintisiete
veintidós	veinticinco	veintiocho
veintitrés	veintiséis	veintinueve

Now we will count up to 100 by tens, starting at 30.

treinta	setenta
cuarenta	ochenta
cincuenta	noventa
sesenta	cien

EJERCICIO 8. *El número de teléfono*

In most Hispanic countries, telephone numbers have six digits and are given as a series of two-digit numbers. Write down the phone numbers of the following people, using only digits.

Juana _52 84 27_   Luisa _79 53 91_

Pablo _34 24 19_   el doctor _64 87 15_

Bernardo _46 72 44_

1

Adela Vilar (de los Estados Unidos)

EJERCICIO 1. *Listening*

Listen carefully as Adela Vilar tells you about herself.

EJERCICIO 2. *Listening and Repeating*

Now listen again to Adela and repeat each line when she pauses.

EJERCICIO 3. *Listening Comprehension: ¿Sí o no?*

Are the following statements about Adela true? Listen and answer with *Sí* or *No*. You will hear each statement twice.

1. _____Sí_____   4. _____no_____   7. _____Sí_____

2. _____Sí_____   5. _____Sí_____   6. _____Sí_____

3. _____no_____   6. _____Sí_____

Repeat the correct answer after the speaker.

259

EJERCICIO 4. *Fonética*

The letter *h* is never pronounced in Spanish. It is always
silent. Repeat the following words after the speaker.

Hablo   Historia   Honduras   Hasta   Hola

Now repeat the following phrases.

1. Hernando y Huberto hablan.
2. Hola, Horacio y Hugo.
3. No hablamos en el hospital Hernández.
4. El hotel Hidalgo de Honduras.
5. Hasta luego.

EJERCICIO 5. *Verbos*

Practice the forms of the present tense of the verb *cantar* ("to
sing"). First repeat the subject pronoun with the verb, then
just the verb.

yo canto   nosotros cantamos
tú cantas   vosotros cantáis
él canta   ellos cantan
ella canta   ellas cantan
Ud. canta   Uds. cantan

EJERCICIO 6. *Práctica de verbos*

Listen to the following questions and answer each one
affirmatively, using the correct form of the verb *cantar*.
Then repeat the correct answer after the speaker.

    MODELO   ¿Cantas?
             Sí, yo canto.

NOMBRE _Ana Woody_ FECHA _9-28-90_ CLASE _Español_

EJERCICIO 7. *Subject Pronouns*

In the following sentences, the subjects have not been
expressed. Listen carefully to the verb form in each sentence,
and then write out only the corresponding subject pronoun. You
will hear each sentence twice. The subjects are *yo, tú, él,
nosotros, ellos.*

MODELO   Viajan mucho.
          ellos

1. _____tú_____   5. _____él_____

2. _____ellos_____   6. _____ellos_____

3. _____yo_____   7. _____yo_____

4. _____nosotros_____   8. _____tú_____

Repeat the correct answer after the speaker.

EJERCICIO 8. *Speaking: El instituto de lenguas*

Ask the following students which languages they are studying.
You will hear a name or subject pronoun followed by the name of
a language. Use the appropriate forms of the verb *estudiar.*
Then repeat the correct answer after the speaker.

MODELO   Isabel / portugués
          Isabel, ¿estudias portugués?

261

EJERCICIO 9. *Transformación*

First you will hear a sentence. Then another subject will be given. Transform the sentence using the new subject. And don't forget to change the verb to correspond with the new subject! Then repeat the correct answer after the speaker.

MODELO   Yo viajo mucho. (tú)
Tú viajas mucho.

EJERCICIO 10. *No, no, no*

The sentences you will hear are affirmative. Make each one negative. Then repeat the correct answer after the speaker.

MODELO   Visito México.
No visito México.

EJERCICIO 11. *Dictado*

Listen carefully to each sentence the first time it is read. Write down what you hear the second time.

Adela Vilar estudiante de la universidad de California.
Ella estudia psicología, historia y biología.
Ella no estudia español porque habla español.
Habla español porque chicana.
También habla inglés muy bien.
Ella es bilingüe.

2

Ana María Solé
(de España)

EJERCICIO 1. *Listening*

Listen carefully as Ana María Solé tells you about herself.

EJERCICIO 2. *Listening and Repeating*

Listen again to Ana María Solé and repeat her words during the pauses.

EJERCICIO 3. *Listening Comprehension:* *¿Sí o no?*

Are the following statements about Ana María true? Listen carefully and write *Sí* or *No* in the spaces provided below. You will hear each statement twice.

1. _____   3. _____   5. _____

2. _____   4. _____   6. _____

Repeat the correct answers after the speaker.

263

EJERCICIO 4. *Fonética*

Practice the Spanish /r/ sound by saying the English phrase "pot
o' tea" rapidly and you will approximate the Spanish *para ti*
("for you"). Repeat the following words after the speaker.

María   miro   secretaria   pero   dinero   quiero

Repeat the following sentences after the speaker.

1. Sara espera ganar mucho dinero.
2. Arturo quiere trabajar.

The *erre* sound is similar to the Spanish /r/, but in the *erre*
the tongue touches the upper front gum ridge several times in
succession. Say the English nonsense phrase "petter-oh" rapidly
and you will approximate the Spanish *perro*, meaning "dog".

Repeat the following Spanish words.

| radio | regular | Roberto | Ricardo | Rita | Rosa |
| perro | guitarra | terrible | horrible | puertorriqueño | |

Would you like to try a popular Spanish tongue twister? Repeat
after the speaker.

rr con rr guitarra
rr con rr barril
que lindo   que ruedan   las ruedas
del ferrocarril.

EJERCICIO 5. *Personal Preferences*

Imagine that a new friend wants to know more about you. Tell
what you like or don't like in answer to the questions you will
hear. You will be addressed as *tú*. You may answer
affirmatively or negatively. Both replies will be given.
Repeat the correct responses after the speaker.

   MODELO   ¿Te gusta viajar?
                Sí, me gusta viajar. <u>or</u> *No, no me gusta viajar.*

EJERCICIO 6. *Preguntas*

You will hear a statement followed by an interrogative
expression. Use the interrogative expression to make a question
of the statement. Repeat the correct question after the
speaker.

> MODELO   Esteban nada.   (¿dónde?)
> *¿Dónde nada Esteban?*

1. (¿cómo?) ¿_____?

2. (¿dónde?) ¿_____?

3. (¿cuándo?) ¿_____?

4. (¿por qué?) ¿_____?

5. (¿qué?) ¿_____?

EJERCICIO 7. *Gender*

Listen carefully as each word is given twice. Then in the space
provided here, write the corresponding definite article: *el,
la, los,* or *las.*

1. _____   4. _____   7. _____

2. _____   5. _____   8. _____

3. _____   6. _____   9. _____

EJERCICIO 8. *Using Structures*

With whom would you like to speak? When you are asked if you
would like to speak to the people whose names you will hear, say
that you would. Remember to repeat the replies.

     MODELO   ¿Quieres hablar con la profesora Sánchez?
                 Sí, quiero hablar con ella.

EJERCICIO 9. *Dictado*

Listen to Alicia and Esteban's conversation. Then, when it is
spoken slowly the second time, write down what you hear.

Alicia: _____.

Esteban: _____.

Alicia: _____.

Esteban: _____.

Alicia: _____.

3

Víctor Marini (de la Argentina)

EJERCICIO 1. *Listening*

Listen carefully as Víctor Marini of Argentina tells you about himself.

EJERCICIO 2. *Listening and Repeating*

Now listen again to Víctor and repeat his words during the pauses.

EJERCICIO 3. *Listening Comprehension*

Listen to the following statements about Víctor and write *Cierto* or *Falso* next to each number below. You will hear each statement twice.

1. _____   4. _____

2. _____   5. _____

3. _____   6. _____

Repeat the correct answers after the speaker.

267

EJERCICIO 4. *Fonética*

In Spanish the *jota* sound is represented by the consonant *j*, by *g* before *e* and *i*, and sometimes by *x*. Practice it by repeating the following words after the speaker.

julio   junio   viajar   trabajar   joven   mujer   bajo

   Julio es un joven muy trabajador.

generoso   gente   general   página (*page*)   Gilda

   La gente de Gijón es muy generosa.

México   mexicano   Oaxaca   Texas

   Jaime es mexicano.   Es de Oaxaca.

EJERCICIO 5. *Práctica de verbos*

Listen to the forms of the irregular verb *ser* and repeat the phrases after the speaker.

yo soy   nosotros somos
tú eres   vosotros sois
él es   ellos son
ella es   ellas son
Ud. es   Uds. son

EJERCICIO 6. *Más práctica de verbos*

Listen carefully to the following statements and questions using the verb *ser*. Answer each question using the correct form of *ser*, according to the model. Repeat the correct answer after the speaker.

   MODELO   Él es estudiante.   ¿Y tú?
             Yo soy estudiante también.

EJERCICIO 7. *Características: Speaking*

You will hear the name of a person followed by a characteristic given in the masculine form. Say that the characteristic pertains to the person, being sure that the subject and adjective agree in gender. Repeat the correct answer after the speaker.

    MODELO   Pablo / perezoso
               Pablo es perezoso.

EJERCICIO 8. *Speaking and Recognizing Structures*

You will hear some very short sentences whose subject is singular. Make the subject plural and change the other parts of the sentence to correspond. You will hear each sentence twice. Repeat the correct answer after the speaker.

    MODELO   El muchacho es inteligente.
               Los muchachos son inteligentes.

EJERCICIO 9. *¿Cómo son?*

Tell what the following people are like according to the cue.

    MODELO   La chica. ¿Es simpática? Sí.
               Sí, es una chica simpática.

Listen carefully to *Sí* or *No* before completing the sentence.

EJERCICIO 10. *Expresiones útiles*

Listen carefully to the question that will be repeated twice.
Then write the number of the question next to the appropriate
response below.

MODELO   ¿Miras la televisión mucho?
          Sí, miro la televisión todas las noches.

_____   a. Sí, estudio español.

_____   b. Nosotros.

_____   c. Hay trece.

_____   d. No, con la otra profesora.

_____   e. La chica linda y delgada.

_____   f. *Con mucho gusto.*

EJERCICIO 11. *Dictado*

Listen carefully to the statements that will be read. The second
time you hear them, write only the days and the dates below.

1. _____

2. _____

3. _____

4. _____

5. _____

6. _____

7. _____

8. _____

9. _____

10. _____

Unidad I: Día por día

Listen carefully to the following conversations. The second time they are given, fill in the missing words in the spaces below.

CONVERSACIÓN: ¿Qué tal?

> As Miguel is walking down the street with Carlos, he meets his friend Gloria.

Miguel: ¡Hola, Gloria! ¿_____?

Gloria: ¡Hola, Miguel! ¡_____!

Miguel: Quiero presentarte _____,

Carlos Estrada.

Gloria: _____ en conocerte, Carlos.

Carlos: _____.

Gloria: Ay, Miguel. _____, pero tengo

prisa ahora. ¿Me llamas?

Miguel: ¡Sí! ¡_____!

Carlos: ¡Nos vemos!

Miguel: ¡_____!

OTRA CONVERSACIÓN: Un lindo día

As Mrs. Delgado is out strolling with her friend Mrs. Ortega,
she meets her neighbor, Mr. Beltrán.

Sra. Delgado: Buenos días, Sr. Beltrán.

                 ¿_____?

Sr. Beltrán: Muy bien, Sra. Delgado.

                 ¿_____?

Sra. Delgado: _____. Me gustaría presentarle

                 a mi amiga, la Sra. Ortega.

Sr. Beltrán: _____ en conocerla, señora.

Sra. Ortega: _____, Sr. Beltrán.

Sra. Delgado: Es un lindo día hoy, ¿_____?

Sr. Beltrán: ¡Es un día hermoso!

Sra. Delgado: ¡_____!

Sra. Ortega: ¡Adiós, Sr. Beltrán!

Sr. Beltrán: ¡_____, señoras!

4

Miguel no tiene suerte

EJERCICIO 1. *Listening*

Listen carefully to the following dialogue.

EJERCICIO 2. *Listening Comprehension*

Listen carefully to the following questions about the dialogue
and write brief answers in the spaces provided below. Each
question will be repeated twice.

1. _____.

2. _____.

3. _____.

4. _____.

5. _____.

6. _____.

7. _____.

Repeat the correct responses after the speaker.

273

EJERCICIO 3. *Fonética*

Practice linking in Spanish by repeating these phrases after the speaker.

vowel-vowel: una‿amiga de‿Elena   tú‿usas   ella‿admira

        para‿Ana

consonant-vowel: dos‿años   el‿otoño   las‿estaciones

        con‿Anita   los Estados‿Unidos

EJERCICIO 4. *Práctica de verbos*

Regular verbs ending in *-er* and *-ir* are conjugated like *aprender* and *vivir*. Practice them by repeating these phrases after the speaker.

Aprendo inglés.   Vivo en Nueva York.
Aprendes francés.   Vives en Quebec.
Aprende italiano.   Vive en Roma.
Aprendemos alemán.   Vivimos en Berlín.
Aprendéis español.   Vivís en Toledo.
Aprenden chino.   Viven en Hong Kong.

EJERCICIO 5. *¿Qué hacen?*

Say what the following people do in their spare time. Use the appropriate form of the verb given in each case. Then repeat the correct answer after the speaker.

    MODELO   María / leer el periódico
           María lee el periódico.

EJERCICIO 6. *Vocabulario: Speaking*

You will hear a series of questions asking you about yourself.
Answer them affirmatively. Then repeat the correct answer after
the speaker. Each question will be given twice.

    MODELO   ¿Aprende Ud. español?
               Sí, aprendo español.

EJERCICIO 7. *Verbos*

Listen to the present-tense forms of the irregular verb *tener*
and repeat the phrases after the speaker.

yo tengo	nosotros tenemos
tú tienes	vosotros tenéis
él no tiene	Uds. no tienen

EJERCICIO 8. *Práctica de verbos*

Listen to the following sentences using the verb *tener* and then
make the whole sentence plural. Repeat the correct answer after
the speaker.

    MODELO   Yo tengo un hermano.
               Nosotros tenemos hermanos.

EJERCICIO 9. *Speaking*

You will hear some questions asking if you <u>have to do</u> certain
things. Answer affirmatively or negatively. You will only hear
the affirmative response. Repeat it after the speaker.

    MODELO   ¿Tiene Ud. que estudiar?
               Sí, tengo que estudiar.

EJERCICIO 10. *Vocabulario: Listening*

You will hear the name of a person given twice, but you will
hear something about the person only once. So listen carefully
and tell what is happening to that person by using one of the
tener idioms listed here.

tener sueño   tener razón   tener prisa   tener sed   tener frío
tener hambre   tener calor   tener miedo   tener suerte   no tener razón

>   MODELO   José: ¡Caramba! ¡Una A en el examen!
>   *Tiene suerte.*

1. Guillermo _____.

2. Inés _____.

3. Víctor _____.

4. Rita _____.

5. Lorenzo _____.

6. Pilar _____.

7. Miguel _____.

8. Alicia _____.

Repeat the correct answer after the speaker.

EJERCICIO 11.   *Dictado*

Listen to the dictation the first time it is read. When the
speaker reads it slowly the second time, write it below.

_____

_____

_____

_____

_____

_____

_____

_____

_____

_____

5

El fin de semana, ¡por fin!

EJERCICIO 1. *Listening*

Listen carefully as four Hispanic students tell you of their weekend plans. After each one speaks, you will hear questions about him or her. Answer by circling all the correct answers to each question.

1.   a   b   c   d

2.   a   b   c   d   e

3.   a   b   c   d

4.   a   b   c   d

EJERCICIO 2. *Fonética: The Consonants b and v*

In Spanish the letters *b* and *v* sometimes sound the same. Practice these sounds by listening carefully and repeating the following phrases after the speaker.

/b/:   Víctor charla con Vicente.   Berta charla con Benjamín.

/ƀ/:   Eva no va a visitar Ávila.   Isabel no viaja con Esteban.

279

EJERCICIO 3. *Sound Discrimination*

You will now hear some words that are printed below with missing
letters. Listen to the speaker, pronounce each word twice, and
fill in the blank with *b* or *v*.

___erdad   ___isitar   ___iaja   ___ajo   ___onita   ___ueno

tele___isión   tra___aja   no___io   ___e___er   di___ertido

ru___io

EJERCICIO 4. *Verbos*

Listen to the present-tense forms of the irregular verb *ir*
(to go) and *ir a* (to be going to . . .). Repeat the phrases
after the speaker.

yo voy   nosotros vamos
tú vas   vosotros vais
ella va   ellas van

EJERCICIO 5. *Práctica de verbos*

Listen to the following statements. Each will be given twice.
Then state that the people in the cues will do the same thing.
Repeat the correct answer after the speaker.

    MODELO   Voy a España.   (Juan y yo)
              Juan y yo vamos a España también.

EJERCICIO 6. *Vocabulario: Speaking Practice*

When you want to do a certain activity, you usually go to a
specific place. Complete the sentences you hear according to
the model, selecting a place from the list provided. Repeat the
correct answer after the speaker.

MODELO   Cuando quiero bailar, _____ *voy a una fiesta* _____ .

la biblioteca	el café	el estadio
la clase de español	la playa	el centro
el cine	un restaurante	una tienda

EJERCICIO 7. *Práctica de verbos: Listening and Speaking*

The following people all have to do certain things, and they are
going to do them. After the speaker tells you what they have to
do, say that they are going to do it. Repeat the correct answer
after the speaker.

MODELO   Susana tiene que comprar libros.
              Susana va a comprar libros.

EJERCICIO 8. *Practicing Structures*

Help a new student get oriented by answering questions about
your school. Write the correct "impersonal *se*" construction in
front of the appropriate response below. Each question will be
given twice.

MODELO   ¿Dónde se compran bolígrafos?
              Se compran bolígrafos en la tienda.

1. _____ en las fiestas.

2. _____ los partidos de fútbol en el

estadio.

3. _____ en el centro deportivo.

4. _____ buenas películas en el cine.

5. _____ al centro en el autobús.

6. _____ en las clases de español.

7. _____ en la cafetería.

8. _____ en el teatro.

EJERCICIO 9. *Dictado*

As Silvia and José have a conversation, listen carefully and fill
in the missing words below. The conversation will be repeated so
you can check your work.

José: ¿_____ el fin de semana?

Silvia: Ay, José, voy a pasar _____

_____.

José: ¿_____?

Silvia: _____ y tengo que

estudiar mucho. Y tú, ¿_____?

José: _____ un partido de fútbol,

_____ y el lunes

_____.

Silvia: ¿_____

asistir a las clases?

José: _____ solamente los martes,

_____.

Silvia: José, tú no eres _____.

José: Y tú, Silvia, _____.

6

Momentos en la vida de un estudiante

EJERCICIO 1. *Listening*

Student life has its ups and downs, its serious moments and its funny ones. Listen carefully to the next selection and decide what sort of moment this is. You will be asked questions about it.

EJERCICIO 2. *Listening Comprehension*

Listen carefully to the questions about the selection you have just heard and answer as briefly as possible. Each question will be given twice. Write the answers in the spaces provided below.

1. _____.

2. _____.

3. _____.

4. _____.

5. _____.

6. _____.

EJERCICIO 3. *Fónetica:*   *The Consonant* d

Pronounce these words containing the consonant *d.*

/d/:   deseo   difícil   de   día   discos   domingo   discoteca

diez

/đ/:   sábado   grabadora   partido   estadio   mercado   radio

nada

/d/ and /đ/:   delgado   divertido   descansado   de nada   ¿dónde?

EJERCICIO 4.   *Verbos*

Listen carefully to the present-tense forms of the irregular verb *estar.* Repeat each phrase after the speaker.

yo estoy	nosotros estamos
tú estás	vosotros estáis
él está	ellos están

EJERCICIO 5.   *Práctica de verbos*

Listen carefully to the following statements. Each will be given twice. Make a statement using the new cue and the correct form of the verb *estar.* Then repeat the correct answer after the speaker.

MODELO   María está en la biblioteca.   (María y sus amigas)
María y sus amigas están en la biblioteca.

EJERCICIO 6.   *Práctica de vocabulario*

Professor Ortega asks a lot of questions. Use the cues to answer his questions. Then repeat the answer after the speaker. Be sure to use the correct form of the verb in your reply.

EJERCICIO 7. *Structures: Possessive Adjectives*

First, you will hear a sentence. Then a new subject will be
given. Transform the sentence, using the new subject. Make sure
that the possessive adjective and verb agree with the subject.
Then repeat the correct answer after the speaker.

     MODELO   Nuestro tío está en casa.   (abuelos)
                  Nuestros abuelos están en casa.

EJERCICIO 8. *Structures: Possessive Adjectives*

First, you will hear what some people are doing. Then a new
object will be given. Repeat the sentence, replacing the object
and the possessive adjective. Repeat the correct answer after
the speaker.

     MODELO   Los estudiantes repasan sus apuntes.   (la tarea)
                  Los estudiantes repasan su tarea.

EJERCICIO 9. *¿A qué hora?*

Miguel has a hectic day ahead of him. In order to remember all
the things he must do, he writes them down in his notebook.
Write the time that you hear below next to what Miguel has to do
at that moment. You will hear each sentence twice. We'll start
off in the morning.

1. _____ Tengo que llevar el coche al mecánico.

2. _____ Tengo que estar en la clase de psicología.

3. _____ Tengo que llamar a mi casa.

4. _____ Tengo que hablar con mi profesor de español.

5. _____ Quiero tomar un café con Teresa.

6. _____ Tengo que ir al laboratorio de biología.

7. _____ Quiero correr.

8. _____ Tengo que buscar mi coche.

9. _____ Tengo que estar en casa.

10. _____ Quiero mirar la televisión.

EJERCICIO 10. *Speaking*

You will hear different subjects given, and then you will be
told the profession, nationality, or religious or political
affiliation of each. Make a complete sentence by using the
correct form of the verb *ser*. Then repeat the correct answer
after the speaker. Each pair will be given twice.

MODELO   Nancy López / atleta
Nancy López es atleta.

EJERCICIO 11. *Dictado*

As you listen to the conversation between Carlos and Pilar,
complete the sentences below. The dialogue will be given a
second time so that you can review your work.

Carlos: _____ ¿_____ en el

laboratorio de lenguas?

Pilar: _____

_____.

¿Necesitas una cinta?

Carlos: _____ para la

Lección 16 _____.

Pilar: Aquí están. ¿_____?

Carlos: _____ de la mañana.

Pilar: ¿No tienes _____?

Carlos: _____. Pero tengo

que trabajar _____.

Unidad II: Día por día

Listen to the following conversations. The second time they are given, fill in the missing words below.

CONVERSACIÓN: Una llamada a una amiga

Carlos calls Gloria, and her mother answers the phone.

Mamá: ¿Hola?

Carlos: _____. Me gustaría hablar

           con Gloria. ¿_____?

Mamá: Sí. ¿_____?

Carlos: Carlos Estrada.

Mamá: _____. No corte.

Gloria: Hola, Carlos. ¿_____?

OTRA CONVERSACIÓN: Una llamada profesional

Eduardo dials the office of the newspaper <u>La Prensa</u>.

Telefonista: _____, <u>La Prensa</u>.

Eduardo: Buenos días, señorita. _____.

Telefonista: ¿De parte de quién?

Eduardo: _____ Eduardo Espinosa.

Telefonista: Un momento, _____.

Sr. Pérez: Hola. Gregorio Pérez habla.

Eduardo: Buenos días, Sr. Pérez. _____

                Eduardo Espinosa.

NOMBRE _____ FECHA _____ CLASE _____

7

Problemas y soluciones

EJERCICIO 1.   *Listening Comprehension*

Señorita Sabelotodo has a column in a popular Hispanic magazine in which she suggests solutions to her readers' problems. You will hear the speakers read each letter and each reply twice. After each letter, you will hear several statements. Respond to each one by writing *Cierto* or *Falso* in the spaces provided below.

1. _____   7. _____

2. _____   8. _____

3. _____   9. _____

4. _____   10. _____

5. _____   11. _____

6. _____   12. _____

Repeat the correct answers after the speaker.

289

EJERCICIO 2. *Fonética: The Consonant Sound /k/*

Before the vowels *a, o,* and *u,* and before consonants, the /k/
sound is represented by the letter *c* in Spanish. Before *e* and
i, the /k/ sound is represented by the letters *qu.* Listen to the
words pronounced by the speaker and write the correct letter, *c*
or *q,* in the space provided.

___apital   po___o   ___ubano   ___laro   ___ue   a___uí

chi___a   ri___o   ___uando   ___uien   ___on   ___uantas

___laudio   pe___ueño   ___uatro   bus___a   mexi___ano

___uarto   ___laudia   ___uarenta   Enri___ue   ___uími___a

cin___uenta   ___atorce

EJERCICIO 3. *Acabar de: Structures*

When the speaker asks if you are going to do something, respond
that you have just done it. Repeat the answers.

    MODELO   ¿Vas a comer ahora?
                No, acabo de comer.

EJERCICIO 4. *Adjetivos: Speaking*

You will hear how some of the men in the class feel, but you will
have to tell how the women feel. Repeat the correct answer after
the speaker.

    MODELO   Enrique está cansado.   (Clara)
                Clara está cansada también.

EJERCICIO 5. *¿Cómo son? ¿Cómo están?: Structures*

You will hear the names of some people with an adjective. Make a sentence by using the correct form of *ser* or *estar*. If you wish, you may write the verb in the space provided below. Then repeat the correct answer after the speaker.

MODELO   Anita / inteligente
          Anita es inteligente.

1. _____   6. _____

2. _____   7. _____

3. _____   8. _____

4. _____   9. _____

5. _____   10. _____

EJERCICIO 6. *Speaking*

Elena has to answer some questions in order to get a student visa. Pretend you are Elena and answer all the questions affirmatively, using the correct form of *ser* or *estar* and writing it in the spaces provided here. Be sure to repeat the correct responses after the speaker has given them.

MODELO   Ud. / ¿mexicana?
          Sí, soy mexicana.

1. _____   4. _____

2. _____   5. _____

3. _____   6. _____

EJERCICIO 7. *Así son: Using Structures*

Say that the following people act according to their
personalities. Follow the model.

    MODELO   Roberto y Felipe son serios.
                Trabajan _____*seriamente*_____.

1. Contesta _____.

2. Estudian _____.

3. Come _____.

4. Trabajo _____.

5. Repasan sus apuntes _____.

6. Contestan preguntas _____.

EJERCICIO 8. *Dictado*

You will hear a paragraph about the exam system in Hispanic
countries. Listen carefully and fill in the blanks below the
first time it is read. When it is given again, review what you
have written.

En algunas universidades hispanas _____

_____ al final del

semestre. Entonces, _____

un sólo examen. _____ son

escritos, _____ orales.

_____ una buena nota

_____ el curso

_____ el próximo semestre.

8

¡Vacaciones, lindas vacaciones!

EJERCICIO 1. *Listening Comprehension*

How do you usually spend your vacations? Listen carefully as
four Hispanic students tell you about theirs. After each one
speaks, you will hear several true-false questions. Write *Cierto*
or *Falso* below. Each question will be given twice.

1. _____   8. _____

2. _____   9. _____

3. _____   10. _____

4. _____   11. _____

5. _____   12. _____

6. _____   13. _____

7. _____   14. _____

Repeat the correct answer after the speaker.

EJERCICIO 2. *Fonética:* *The Consonants* ll *and* y

Practice these sounds by repeating the following words and
phrases.

initial: llevamos   llega   llover   llueve   yo   Yolanda

other positions: ello   ellas   allí   allá   pollo

Se llama Yolanda Falla. Ella va a llegar a Sevilla mañana.

EJERCICIO 3. *Verbos*

You have already learned one irregular verb (*tener*) whose *yo*
form has an irregular -*go* ending: *tengo*. This lesson presents
six other common verbs that have the -*go* ending in the *yo* form.
Practice this form with the verb *hacer*.

yo hago	nosotros hacemos
tú haces	vostros no hacéis
él hace	ellos no hacen

EJERCICIO 4. *Práctica de verbos*

Some people do things that other people don't do. When you hear
the question, which will be given twice, say that <u>you</u> do that
but that your friend doesn't. Then repeat the correct answer
after the speaker.

MODELO   ¿Hace Ud. muchos viajes?
                 Sí, hago muchos viajes. Mi amigo no hace
                 muchos viajes.

EJERCICIO 5. *Verbos*

Verbs ending in -*cer* are irregular in the first person form of
the present tense. The rest of the conjugation is regular,
however. Note the forms of *conocer* ("to know") and *reconocer*
("to recognize") in the following sentences. Repeat each
sentence after the speaker.

Yo conozco a Felipe.   Reconozco a su hermano.
Tú conoces a María.   Reconoces su casa.
Ella conoce a mis tíos.   Reconoce a mi tía Ana.
Nosotros conocemos México.   Reconocemos nuestro hotel.
Vosotros conocéis Madrid.   Reconocéis algunos lugares.
Ellas conocen a mi familia.   Reconocen a mis padres.

EJERCICIO 6. *Vocabulario: Listening*

You will hear the dialogue that appears below with certain words
missing. Fill in the missing words as you hear them.

Marisol: ¡Vacaciones, lindas vacaciones!

Juan: ¿Y cómo vas a pasar las _____, Marisol?

Marisol: Bueno, Juan, quiero _____ un viaje, pero

           no tengo mucho dinero.

Juan: Pero no es necesario viajar muy _____

           para pasar las vacaciones bien. Aquí en España hay

           muchos _____ interesantes, como

           Sevilla y Granada...

Marisol: Tienes _____, Juan. Sevilla y Granada

           _____ ser muy interesantes.

295

Juan: ¡Claro! Y es muy fácil viajar allí en _____.

Haces la _____, vas al aeropuerto y...

Marisol: ¡Ay, no! Si tengo que _____ en avión,

no voy. Tengo _____ de los aviones.

Juan: _____, vas en tren. La _____

Atocha está cerca de la casa, y el _____

sale de Madrid por la mañana y _____

a Sevilla el mismo día.

Marisol: ¡Perfecto! Y allí voy a _____, y

_____ los lugares históricos, y...

Juan: Y vas a _____ compras.

Marisol: ¡Claro! Si no hago compras, ¿cómo voy a

_____ un regalo para ti?

EJERCICIO 7.   *Speaking: Structures*

You will hear each of the following questions given twice.
Answer them negatively, as in the model. Then repeat the
correct answer after the speaker.

    MODELO   ¿Bebes cerveza o vino?
              No bebo ni vino ni cerveza.

EJERCICIO 8. *¿Qué tiempo hace?*

You will hear various comments and sounds that will give you an
idea of what the weather is like. Write the answers in the
corresponding spaces below.

     MODELO   Quiero beber algo porque tengo mucho calor.
                Hace calor.

Hace frío.	Hace fresco.	Hace viento.	Llueve.
Hace calor.	Hace sol.	Hace buen/mal tiempo.	Nieva.

1. _____ .

2. _____ .

3. _____ .

4. _____ .

5. _____ .

Repeat the correct answers after the speaker.

EJERCICIO 9. *Dictado*

Listen carefully to the conversation between Mario and his mother
and complete their sentences below. The conversation will be
repeated so that you can check your work.

Mamá: _____ .   ¿Qué vas a hacer

          _____?

Mario: Nada. _____ .

Mamá: _____. Estás cansado ahora.

¿_____?

Mario: Nada. _____.

Mamá: ¿_____ de hacer algo?

Mario: No, _____.

Mamá: ¿Estás _____?

Mario: _____ quiero descansar.

Mamá: ¡Qué lástima! _____

_____ de salir con ellos...

Mario: ¡_____! ¡Caramba!

9

Un regalo especial

EJERCICIO 1. *Listening*

Eduardo is browsing through a department store when he runs into his friend Ricardo. Listen carefully to the conversation that ensues. You will be asked questions about it.

EJERCICIO 2. *Listening Comprehension*

Listen carefully to the following statements about the dialogue and write *Cierto* or *Falso* in the spaces provided. Each statement will be repeated twice.

1. _____   5. _____

2. _____   6. _____

3. _____   7. _____

4. _____

Repeat the correct answers after the speaker.

EJERCICIO 3.   *Fonética:*   *The Consonant Sound /s/*

In most of Latin America and in parts of Spain, the letters *s*, *z*, and *c* (before *e* and *i*) are pronounced */s/*.   This sound is similar to the English *s* in <u>see</u>.   Practice this sound by repeating these words and sentences after the speaker.

s: deseas   más o menos   por supuesto   me gusta   nosotros

z: diez   perezoso   Venezuela   Esperanza   Beatriz   Pérez   Gómez   Sánchez

c (before *e*, *i*):   difícil   necesito   doce   trece   catorce   ciencias

El señor Sánchez necesita más o menos diez pesetas.
Beatriz y Esperanza esperan visitar Venezuela.

EJERCICIO 4.   *Verbos:*   *Stem-Changing Verbs*   e ⟶ ie

Verbs like *pensar*, *perder*, and *empezar* are called stem-changing verbs because the *e* of the infinitive stem changes to *ie* in certain forms of the verb.   Practice the forms of these verbs by repeating them after the speaker.

Yo empiezo a estudiar.
Tú no empiezas a estudiar.
Ud. no quiere estudiar.
Nosotros perdemos el tiempo aquí.
Vosotros pensáis trabajar.
Uds. piensan en el examen.

No pierdo el tiempo.
Pierdes el tiempo.
Pierde los libros.
No queremos estar aquí.
Queréis ganar dinero.
Piensan salir bien.

300

EJERCICIO 5. *Práctica de verbos*

Life is full of strange coincidences. Carlos is telling Carmen
and Consuelo what he is thinking and planning, and the girls
just happen to have the same thing in mind. Play the roles of
Carmen and Consuelo as you listen to Carlos's remarks. Then
repeat the correct answers after the speaker.

MODELO   Yo pierdo mucho tiempo.
          Nosotras también perdemos mucho tiempo.

EJERCICIO 6. *Más verbos: Stem-Changing Verbs:* o ⟶ ue

The *o* in each stem is changed to *ue* when it is stressed. This
stem change occurs in all forms of the present except for the
nosotros and *vosotros* forms. Practice this by repeating the
forms of the verb *poder* after the speaker.

Yo puedo dormir en casa.
Tú puedes almorzar en la cafetería.
Ud. puede volver conmigo.
Nosotros podemos recordar la música.
Vosotros podéis cantar bien.
Uds. pueden repetir la pregunta.

EJERCICIO 7. *Práctica de verbos*

Elena asks Jorge what he is doing today. Play the role of Jorge
as you answer affirmatively. Then repeat the correct answer
after the speaker.

MODELO   Elena: ¿Puedes dormir tarde?
          Jorge: *Sí, puedo dormir tarde.*

301

EJERCICIO 8. *Speaking*

Enrique is thinking of signing up for a course, but before doing
so he asks Consuelo some questions. Play the role of Consuelo
by answering the questions affirmatively after you have heard
them repeated. Then repeat the reply after the speaker.

EJERCICIO 9. *Dictado*

Listen in on the telephone conversation between María and
Bernardo as you fill in the blanks below. Check your work the
second time the dialogue is given.

María: Vamos a tener _____

            el próximo sábado. ¿_____?

Bernardo: Sí, por supuesto. ¿_____?

María: Sí, él no _____

            a todos sus amigos.

Bernardo: ¡Qué bien! ¿_____?

María: _____ algunas flores?

Bernardo: Sí, _____.

María: Muy bien. _____.

Unidad III: Día por día

CONVERSACIÓN: Al cine

Listen carefully to the conversation between Jorge and Silvia when he calls her up to invite her to the movies. The second time it is given, complete the blank spaces below.

Jorge: Hola, Silvia. Habla Jorge. ¿_____?

Silvia: Ah, Jorge. Estoy bien, gracias. Y tú,

          ¿_____?

Jorge: Muy bien, Silvia. ¿Sabes que _____

          _____ en el cine esta noche?

Silvia: ¿_____ la película?

Jorge: Se llama *El año 2001.*

Silvia: ¿_____?

Jorge: Es una película de ciencia ficción. ¿_____

          _____?

Silvia: ¡Sí, como no! _____.

          ¿A qué hora se da la película?

Jorge: _____.

OTRA CONVERSACIÓN: ¡Qué lástima!

Marina would like to accept Gregorio's invitation to go the movies, but she has seen the picture already.

Gregorio: ¡Hola, Marina! Hay una buena película en el Cine

Atlas esta noche. ¿_____?

Marina: ¿_____?

Gregorio: *Rambo.*

Marina: ¡Ay, _____! Ya he visto esa

película.

Gregorio: ¿Es buena?

Marina: ¡Ay, no! _____.

10

Un encuentro en un café

EJERCICIO 1. *Listening*

Haven't I met you somewhere before? Listen to the dialogue to find out the answer to this question.

EJERCICIO 2. *Listening Comprehension*

Give your impressions of the dialogue by telling whether each statement you hear is *Cierto* or *Falso*. Each statement will be given twice.

1. _____   4. _____

2. _____   5. _____

3. _____   6. _____

Listen and repeat the correct answers.

EJERCICIO 3.   *Fonética: The Consonant Sounds /g/ and /j/*

Practice the "g" sounds by repeating these words after the speaker.

/g/:   ganas   gusto   guerrilla   Guillermo   grande   Gloria
ningún

/g̶/:   amiga   amigo   alguno   hamburguesa   preguntar   algo
agosto

"G" before *e* or *i* sounds like a breathy <u>h</u>.   Practice this sound by repeating the words after the speaker.

/j/:   general   generalmente   inteligente   gente
agitado   Argentina   elegir   generoso

EJERCICIO 4.   *Fonética*

Now listen to the difference between the sounds of /g/ and /j/. Repeat the words after the speaker and circle the beginning consonant that you hear.

1. g   j   9. g   j
2. g   j   10. g   j
3. g   j   11. g   j
4. g   j   12. g   j
5. g   j   13. g   j
6. g   j   14. g   j
7. g   j   15. g   j
8. g   j   16. g   j

EJERCICIO 5.   *Demonstrative Adjectives: Speaking*

You will hear a series of statements and a cue at the end of
each. Repeat the sentence, substituting the cue and making sure
the demonstrative adjectives agree with the cue. Then repeat
the correct answer after the speaker.

    MODELO   Conocemos ese hotel. (hoteles)
          Conocemos esos hoteles.

EJERCICIO 6.   *Direct Object Pronouns: Speaking*

You will hear a number of short sentences given twice.
Substitute a direct object pronoun for the noun when you repeat
the sentence. Then repeat the correct answer after the speaker.

    MODELO   Veo la bicicleta.
          La veo.

EJERCICIO 7.   *Direct Object Pronouns: Speaking*

Friends are wonderful, aren't they? You will hear some
questions about you and your friends, and you will be addressed
as *tú*. Answer affirmatively or negatively. On the assumption
that your friends are great, only the affirmative reply will be
given. Repeat it after the speaker.

    MODELO   ¿Te invitan a fiestas?
          Sí, me invitan a fiestas.

EJERCICIO 8. *Structures: Speaking*

What you going to wear to the party? An article of clothing
will be named, and then you will hear a question. Use an object
pronoun to say that you are not going to wear that particular
item of clothing. Then repeat the answer after the speaker.

     MODELO   El traje gris. ¿Lo vas a llevar?
              No, no voy a llevarlo.

EJERCICIO 9. *Dictado*

The dictation will be given twice. The first time you hear it,
write it in the space provided below. The second time it is
given, check what you have written.

_____

_____

_____

_____

_____

_____

_____

_____

_____

11

¿Qué clase de amigo es Ud.?

EJERCICIO 1. *Listening*

Listen carefully to the opening selection of this lesson. When
you hear the possible responses, circle the letter that
corresponds to the one you would be most likely to give.

1. a   b   c   4. a   b   c

2. a   b   c   5. a   b   c

3. a   b   c

Now give yourself 3 points for every time you circled the letter
a, 2 points for every b, and 1 point for every c. Add up your
points and then listen to the interpretation.

EJERCICIO 2. *Listening Comprehension*

Each of the three interpretations has been given a letter below.
Listen to the scores that these other people got and write a, b,
or c to tell which type of friend they are.

a. 13-15 puntos   ¡Ud. es muy generoso!   ¡Tiene un gran corazón!

b. 8-12 puntos   ¡Sus amigos tienen mucha suerte porque tienen
                   un amigo como Ud.!

c. 5-7 puntos   ¿Tiene algún amigo?   ¿O solamente enemigos?

1. José Antonio _____   4. Patricia _____

2. Esperanza _____   5. Diego _____

3. Tomás _____

Repeat the correct answers after the speaker.

EJERCICIO 3.   *Fonética:*   *Unaspirated /p/, /t/, and /k/*

Practice the following sounds by repeating the words after the
speaker.

/p/:   las personas: persona   los partidos: partido
       los pasteles: pastel

/t/:   las tareas: tarea   las tarjetas: tarjeta
       las tiendas: tienda

/k/:   las cosas: cosa   los consejos: consejo
       las compras: compra

EJERCICIO 4.   *Verbos:*   Dar *and* Decir

Note the present-tense forms of *dar* (to give) and
decir (to say; to tell) in the sentences you will hear.   Repeat
each sentence after the speaker.

dar   *decir*

Yo doy un reloj.   Digo que es una buena idea.
¿Tú das ochenta dólares?   ¿Dices que es demasiado?
Él da la respuesta.   Dice que sí.
Nosotros damos un regalo.   Decimos "felicitaciones".
Vosotros dais cuarenta pesos.   Decís que es mucho dinero.
Ellas dan un examen.   Dicen que es fácil.

EJERCICIO 5. *Práctica de verbos*

Listen to the following statements (given twice) and cued
responses, and change the subjects by using the cues. Then
repeat the correct response after the speaker.

     MODELO   Doy una fiesta. (María)
                 María da una fiesta.

EJERCICIO 6. *Los números*

Roberto is working in a bank this summer. It is the end of the
month, and many people have brought their paychecks in to
deposit. Roberto reads the name and the amount that is written
on each check. Write the amount (in numerals) next to the
person's name.

1. el doctor Morales: _____ pesetas

2. la señorita Borja: _____ pesetas

3. el señor Jiménez: _____ pesetas

4. Rafael Álvarez: _____ pesetas

5. Juana Figueroa: _____ pesetas

6. la profesora Franco: _____ pesetas

EJERCICIO 7. *Verbos: Stem-Changing Verbs:* e ⟶ i

The *e* in the stem is changed to *i* when it is stressed. This
stem change occurs in all forms of the present tense except for
the *nosotros* and *vosotros* forms. Practice these forms by
repeating the phrases after the speaker.

Yo pido cinco dólares.   Nosotros pedimos café.
Tú pides una cerveza.   Vosotros pedís consejos.
Ella pide té.   Ellas piden vino.

EJERCICIO 8. *Indirect Object Pronouns: Structures*

Marisol and her boyfriend Ricardo have had a lovers' quarrel.
Ricardo would like to make up, but he is very stubborn. Play
the role of Ricardo as the speaker offers some suggestions about
regaining Marisol's affection. Then repeat the correct answer
after the speaker.

    MODELO   ¿Prometerle perfume?
                No, no le prometo perfume.

EJERCICIO 9. *Indirect Object Pronouns: Structures*

Marisol would also like to make up with Ricardo and is less
stubborn. She shows this in the way she answers his questions.
Now you can play the role of Marisol. Repeat the correct
answers after the speaker.

    MODELO   Ricardo: ¿Vas a escribirme una carta?
                Marisol: *Sí, voy a escribirte una carta.*

EJERCICIO 10. *Dictado*

Listen carefully as some Spanish expressions and proverbs are
read twice. As they are given, write them below. Check what
you have written when you hear them again.

1. _____.

2. _____.

3. _____.

4. _____.

5. _____.

6. _____.

12

Un partido de tenis

EJERCICIO 1.   *Listening*

Listen carefully to the following dialogue between Leonor and her brother Alberto as they wait for a tennis court. You will be asked questions about it.

EJERCICIO 2.   *Listening Comprehension*

Listen to the statements about the dialogue you have just heard and answer with *Cierto* or *Falso*.

1. _____   5. _____

2. _____   6. _____

3. _____   7. _____

4. _____

Repeat the correct answers after the speaker.

EJERCICIO 3. *Fonética: Vowels*

Practice these sounds by repeating the following words after the
speaker.

/a/: examen Antonio tradición matemáticas vacaciones
      ensalada

/e/: me de se que soltero periódico café pelota
      atleta

/i/: mi ti sí aquí interesante inteligente cine
      liberal

/o/: no o quiero cuando bonito novio teléfono
      radio

/u/: música museo mundo muchacha universidad furioso
      fruta

EJERCICIO 4. *Vocabulario*

You will hear a statement about each of the people whose names
appear below. After you have heard the statement, which will
be given twice, decide whether that person is a *jugador* or
jugadora, aficionado or *aficionada*, or *campeón* or *campeona,*
and circle the answer.

1. Antonio: jugador aficionado campeón

2. Luisa: jugadora aficionada campeona

3. el doctor Bustamante: jugador aficionado campeón

4. Ignacio: jugador aficionado campeón

5. nuestro equipo: jugador aficionado campeón

6. nuestros jugadores: jugadores aficionados campeones

7. Javier: jugador aficionado campeón

8. Inés: jugadora aficionada campeona

Repeat the correct answers after the speaker.

314

EJERCICIO 5.   *Structures*

Have you ever had a roommate like Pedro's? Each of the requests
Pedro's roommate makes will be repeated, and a cue of *Sí* or *No*
will be given. Answer accordingly.

> MODELO   ¿Me prestas tu disco nuevo? (Sí.)
> *Sí, te lo presto.*

EJERCICIO 6.   *Structures*

Younger siblings can sometimes be pests. Rita has two younger
brothers who are always asking for things. Fortunately, Rita is
good-natured and usually says yes. Play the role of Rita as you
hear the following questions given twice. Then repeat the
correct answer after the speaker.

> MODELO   Los hermanos: ¿Nos prestas tus libros?
> Rita: *Sí, se los presto.*

EJERCICIO 7.   *Structures: Speaking*

José would like to be generous, but sometimes people ask for the
impossible. Listen to some of the requests made of him, and
reply negatively as you play the role of José. Then repeat the
correct answer after the speaker.

> MODELO   Necesito su raqueta. ¿Me la presta?
> *No, no voy a prestársela.*

EJERCICIO 8. *Structures: Speaking*

This is an opportunity to express your personal preferences and
interests. Listen to the questions, which will be given twice,
and reply affirmatively. Then repeat the correct answers after
the speaker.

    MODELO   ¿Qué le gusta más, el teatro o el cine?
                Me gusta más el teatro. <u>or</u> *Me gusta más el cine.*

EJERCICIO 9. *Vocabulario*

We all have our little problems. As each person tells you what
his or her problem is, write the part of the body that is
mentioned on the corresponding line of the drawing below. You
may check your accuracy by comparing it with the drawing in your
text later.

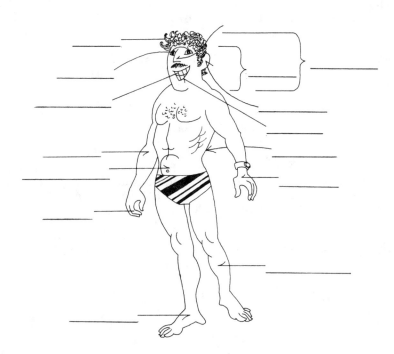

316

EJERCICIO 10. *Listening Comprehension*

Below are three columns with the headings *Me gusta jugarlo*, *Me gusta mirarlo,* and *No me interesa.* When you hear the name of a sport, write it in the column that indicates your preference.

Me gusta jugarlo.	*Me gusta mirarlo.*	*No me interesa.*
1.		
2.		
3.		
4.		
5.		
6.		

317

Unidad IV: Día por día

CONVERSACIÓN: ¡Vamos a jugar!

    Listen to the conversation that takes place as Juan asks
Antonio if he would like to join a soccer match. The
second time the conversation is given, complete the blank
lines below.

Juan: ¡Oye, Antonio! ¿_____ de jugar al

            fútbol con nosotros?

Antonio: No, no tengo ganas hoy.

Juan: ¡Vamos, hombre! _____

            para formar el equipo.

Antonio: _____, pero me duele

            el brazo hoy.

319

OTRA CONVERSACIÓN: Un partido de tenis

José Luis invites Patricia to play tenis.

José Luis: ¡Oye, Patricia!   ¿_____?

Patricia: ¡_____!   ¿Dónde piensas jugar?

José Luis: Tengo una cancha reservada en el club.

Patricia: ¡Qué bien!   ¿_____?

José Luis: A las cuatro.

Patricia: Nos vemos _____, entonces.

13

¿Trabajar o descansar?

EJERCICIO 1. *Listening*

Nilda Torres and Ana Rojas work in the same office. It is now Monday, nine o'clock in the morning. Listen carefully to their conversation and then repeat the phrases after the speakers during the pauses. Afterward, you will be asked questions.

EJERCICIO 2. *Listening Comprehension*

Listen carefully to the following statements and indicate below whether they are *Cierto* or *Falso*. When the correct answers are given, repeat them after the speakers.

1. _____   4. _____

2. _____   5. _____

3. _____   6. _____

EJERCICIO 3. *Fonética: Accent and Stress*

Practice by repeating these words after the speaker. Pay
special attention to accent and stress.

cama   mesa   silla   cabeza   traje   diente   escritorio
radio   joven

exámenes   papá   mamá   café   esquí   bailé   entendí   comió
escribió   ganó

EJERCICIO 4. *Sound Discrimination*

The double column of words that appears below will be pronounced
by the speakers in pairs. Each pair will be given once. Write
the accent over the stressed letter where necessary and
pronounce the words.

canto	canto
mando	mando
presto	presto
espero	espero
llego	llego
ceno	ceno

EJERCICIO 5. *Regular Preterite Forms of -AR Verbs*

Repeat the regular preterite forms of the verb *arreglar* as you
hear them.

Yo arreglé la sala.   Nosotros arreglamos el garaje.
Tú arreglaste el comedor.   Vosotros arreglasteis el jardín.
Alicia arregló su alcoba.   Ellos arreglaron la cocina.

EJERCICIO 6. *Hoy y ayer: Speaking*

You will hear a sentence in the present tense telling you what some people did today. Yesterday they did the very same things. After you have heard twice about today, tell what they did yesterday. Repeat the correct answer after the speaker.

MODELO   Hoy compro un libro.
Ayer compré un libro.

EJERCICIO 7. *Verbos: Preterite of Verbs Ending in -ER and -IR*

Listen to the preterite forms of the verbs *aprender* and *escribir* and repeat them after the speakers.

<u>*aprender*</u>

Yo aprendí el pretérito.
Tú aprendiste la lección.
Ella aprendió algo interesante.
Nosotros aprendimos algo nuevo.
Vosotros aprendisteis un poema.
Ellas aprendieron los verbos.

<u>*escribir*</u>

Escribí una carta.
Escribiste un poema.
Escribió un libro.
Escribimos las palabras.
Escribisteis un artículo.
Escribieron el ejercicio.

EJERCICIO 8. *Más práctica de verbos*

"And what did <u>you</u> do yesterday?" asks your friend. Each question will be given twice. Only the affirmative reply will be repeated. Repeat the correct answer after the speaker.

MODELO   ¿Comiste en la cafetería ayer?
Sí, comí en la cafetería ayer.
<u>or</u> *No, no comí en la cafetería ayer.*

EJERCICIO 9.   *Práctica de verbos*

People in the Spanish-speaking countries like to take a walk in
the evening. When the speaker gives the cue the second time,
say that the people named took a stroll last night and saw their
friends.

    MODELO   Ángela
                Ángela dio un paseo.   Vio a sus amigos.

EJERCICIO 10.   *Dictado*

You will now hear about eating customs in Hispanic countries.
As the dictation is given slowly the first time, write it in the
space below. The second time it is given, check what you have
written.

El horario de comer _____

_____

_____

_____

_____

_____

_____

_____

_____

_____

LECCION

14

Una conversación familiar

EJERCICIO 1   *Listening*

It is 9:00 in the evening, and the Valencia family is in the dining room eating dinner. When Sr. Valencia asks his family about their day, they give the replies you will hear. Listen and repeat during the pauses.

Margarita (18 años)...
Miguel (15 años)...
Marcos (12 años)...
Mamá...
Papá...

EJERCICIO 2.   *Listening Comprehension*

This is your chance to be one of those people who always finishes someone else's sentences. Each statement will be made twice, but the final words will be missing. You have to supply the missing words. Write them in the spaces provided here.

1. _____.

2. _____.

3. _____.

4. _____ .

5. _____ .

6. _____ .

7. _____ .

8. _____ .

9. _____ .

Listen and repeat the correct answers.

EJERCICIO 3. *Fonética: The Letter n before Certain Consonants*

Practice these sounds by repeating the following words and phrases.

incompleto   inclinado   en casa   son cubanos   están cansadas

tango   sin gafas   con gusto   tienen ganas   son gordas   inglés

injusto   ángel   un jefe   un juez   un jardín   ingeniero

un banco   un billete   un balcón   un baño   un bombero

    son buenos

un valor   un violín   un vestido   invitar   enviar   sin vida

un fin de semana   son feos   están furiosos   son fuertes

    son felices

un médico   un mecánico   un mundo   sin moneda   un modo

    son matemáticos

un plomero   un piso   un porcentaje   un papel   un problema

    son pobres

EJERCICIO 4. *Sound Discrimination*

The speaker will pronounce each word twice. Write it below.
Use the *ñ* column if the word has an *ñ*; use the *n* column if the
word has an *n*.

n	*ñ*
_____	_____
_____	_____
_____	_____
_____	_____
_____	_____
_____	_____
_____	_____

EJERCICIO 5. *Speaking:* *The Irregular Preterites of* IR, SER,
and HACER

Practice these forms by repeating them after the speaker.

	ir	*ser*
(yo)	Fui al museo.	Fui artista.
(tú)	Fuiste conmigo.	Fuiste estudiante.
(él, ella, Ud.)	Fue a clase ayer.	Fue profesor.
(nosotros)	Fuimos con él.	Fuimos músicos.
(vosotros)	Fuisteis a España.	Fuisteis turistas.
(ellos, ellas, Uds.)	Fueron también.	Fueron simpáticos.

	hacer
(yo)	Hice algo.
(tú)	Hiciste un viaje.
(él, ella, Ud.)	Hizo la tarea.
(nosotros)	Hicimos compras.
(vosotros)	Hicisteis ruido.
(ellos, ellas, Uds.)	Hicieron cosas.

327

EJERCICIO 6. *Práctica de verbos*

Listen to what the following people did today and say it
happened yesterday. Repeat the correct answer after the
speaker.

    MODELO   Enrique va al museo.
                 Enrique fue al museo.

EJERCICIO 7. *Práctica de verbos*

Practice the irregular preterite forms of *venir, decir,* and
traer by telling about the party that took place last night.
The first sentence in each group will give you the subject.
Then tell what happened according to the cues. Repeat the
answer after the speaker.

    MODELO   Anoche Paco fue a una fiesta. (venir con sus amigos)
                 Vino con sus amigos.

EJERCICIO 8. *Speaking*

There is usually a logical sequence of events. Answer the
following questions after the speaker has given them twice.
Repeat the answers after they are given.

EJERCICIO 9. *Dictado*

First listen to the information that accompanies the names that appear below and write it in the spaces provided. The second time the information is given, check your work.

Jorge Luis Borges _____

_____ 1899

_____

_____ 1986.

Pablo Picasso _____

1881. _____

_____

_____

_____ 1973.

15

Las multas

EJERCICIO 1. *Listening*

Domingo Gutiérrez is terribly upset today. Listen carefully to
the following dialogue to find out why. Afterward, you will be
asked several questions.

EJERCICIO 2. *Listening Comprehension*

Each of the statements you will hear about the dialogue will be
given twice. Listen carefully and write *Cierto* or *Falso* below.

1. _____   5. _____

2. _____   6. _____

3. _____   7. _____

4. _____

Repeat the correct answers after the speaker.

EJERCICIO 3. *Fonética:* *Intonation I*

Repeat each sentence after the speaker, using the correct
intonation for normal statements.

No puse suficiente dinero en el parquímetro.
Lo mismo me pasó ayer.
El estacionamiento está lejos de aquí.
El metro es rápido, cómodo y económico.

Repeat each sentence after the speaker, using the correct
intonation for normal information questions.

¿Dónde está la estación de metro?
¿Por qué le pusieron una multa?
¿Cuál es la infracción?
¿Cuánto cuesta el metro?

EJERCICIO 4. *Práctica de verbos:* *Verbs with Radical Changes
in the Preterite*

Practice the verbs *mentir, servir,* and *dormir* using the cue to
make a new sentence. Repeat the answer after the speaker.

> MODELO   Elena durmió bien anoche.   (yo)
> *Yo dormí bien anoche.*

EJERCICIO 5. *Structures:* *Speaking*

What do you do upon arriving home at night after a long, hard
day? Listen as the speaker tells you what the following people
did last night and say that you did the same thing.

> MODELO   Al llegar a casa anoche, Alicia comió.
> *Al llegar a casa anoche, yo también comí.*

EJERCICIO 6. *Structures: Speaking*

Early in the evening, Esteban went out with his father's new
car. It is now midnight, and the family is worried about him.
Listen to their comments and tell how long ago certain things
happened. Then repeat the correct answer after the speaker.

MODELO   Esteban salió con el coche a las siete.
          Salió hace cinco horas.

EJERCICIO 7. *Speaking*

Six dates are given here. Say them when you hear the numbers
and repeat them after the speaker.

1. 1936   3. 1742   5. 1906

2. 1898   4. 1985   6. 1812

EJERCICIO 8. *Dictado*

Review your comprehension of dates as the speaker tells you the
year in which the women of some Latin American countries
obtained the right to vote. The name of the country and the
year will be stated twice. Write both in the corresponding
spaces.

              <u>el país</u   <u>la fecha</u>

1. _____   _____

2. _____   _____

3. _____   _____

4. _____   _____

5. _____   _____

6. _____   _____

7. _____   _____

333

Unidad V: *Día por día*

CONVERSACIÓN: De compras

Manuel feels that he is coming down with a cold and goes
into a drugstore to buy vitamin C. Listen to the exchange
between the salesclerk and Manuel. The second time it is
given, complete the blank lines below.

Empleada: Buenas tardes, señor. ¿Puedo servirle en algo?

Manuel: Sí, ¿_____?

Empleada: Sí, cómo no. La vitamina C viene en frascos de

cincuenta, cien o doscientas.

¿_____?

Manuel: ¿_____ el frasco de cien?

Empleada: El frasco de cien se vende a cincuenta pesetas y el

frasco de doscientas _____

_____.

Manuel: Pues, como es más económico comprar el frasco de

doscientas, _____.

Empleada: ¿Necesita Ud. algo más, señor?

Manuel: _____.

335

Empleada: Aquí las tiene.

Manuel: Gracias, señorita.

Empleada: _____.

OTRA CONVERSACIÓN: La ampolla

Elena just got a blister and goes into the drugstore to buy
a small package of adhesive strips.

Empleada: Buenos días, señorita.

¿_____?

Elena: ¿Tiene Ud. curitas?

Empleada: Sí, cómo no. _____ en una

cajita de cien.

Elena: _____. ¿No tiene una cajita

más pequeña?

Empleada: _____, pero

hoy no tenemos cajitas más pequeñas.

Elena: Bueno, entonces me compro ésta. ¿_____?

Empleada: Está a cincuenta pesetas.

Elena: _____. Gracias, señorita.

Empleada: _____.

16

El mejor momento del día

EJERCICIO 1. *Listening Comprehension*

What is the best moment of the day for you? Listen carefully as five people tell you about their best moment of the day. After each speaker, you will hear a question. Answer as briefly as possible. Each question will be given twice.

1. _____.

2. _____.

3. _____.

4. _____.

5. _____.

Repeat the correct answers after the speaker.

EJERCICIO 2. *Fonética: Intonation II*

Repeat the phrases after the speaker, paying special attention to the intonation pattern.

El mejor momento del día es cuando me quito los zapatos.
Esto quiere decir que todo es rutina.

337

Repeat the following phrase after the speaker, paying special attention to the intonation given to the parenthetical expression.

Es importante -- dice Ángel -- dormir la siesta.

EJERCICIO 3. *Los verbos reflexivos*

If you were to take a stroll through the dorm any morning and peek into people's rooms, you would probably see the scenes that are depicted in the drawings below. As you hear the activity named, write it next to the name of the person who is doing it.

1. Manuel _____

_____.

2. Claudia _____

_____.

3. Alejandro _____

_____.

4. Eduardo _____

_____.

5. Alicia _____

_____.

6. Teresa _____

_____.

Check the verb charts in your book to make sure you have spelled them correctly.

EJERCICIO 4. *Los verbos reflexivos: Práctica de verbos.*
Speaking

You will hear each of the following questions twice. Answer affirmatively, as in the model. Then repeat the correct answer after the speaker.

    MODELO   ¿Se duerme Ud. en las clases aburridas?
               Sí, me duermo en las clases aburridas.

EJERCICIO 5. *Reflexive Verbs with Reciprocal Meanings:*
Speaking

The names you will hear are of people who like each other. Describe their reciprocal actions after you have heard about them. Then repeat the correct answer after the speaker.

    MODELO   Carlos escribe a Maribel. Maribel escribe a Carlos.
               Carlos y Maribel se escriben.

EJERCICIO 6. *Reflexive Verbs: Speaking*

When the speaker tells you what Carmen is doing today, reply by saying that she did the same thing yesterday. Then repeat the answer after the speaker.

    MODELO   Carmen se levanta temprano.
               Ayer Carmen se levantó temprano.

EJERCICIO 7. *Dictado*

As Ramón Fonseca tells how he began his day, complete the spaces
below. The second time Ramón speaks, check what you have
written.

Por lo general _____.

_____ el despertador _____

_____.

_____

y grité "¡Dios mío!". _____ salté de la cama,

_____,

_____.

_____ corriendo _____. _____

_____.

_____, me crucé

_____:

_____.

17

¿Hay diferencias entre las generaciones?

EJERCICIO 1.   *Listening Comprehension*

Listen carefully as four Hispanic people of different ages answer the question *"¿Hay diferencias entre las generaciones?"* After each one speaks, you will hear some questions.   Answer them as briefly as possible.   Each question will be given twice.

1. _____.

2. _____.

3. _____.

4. _____.

5. _____.

6. _____.

7. _____.

8. _____.

9. _____.

10. _____.

Repeat the correct answers after the speaker.

EJERCICIO 2. *Verbos*

Practice the forms of the imperfect tense by repeating after
the speaker.

	hablar	*comer*
(yo)	hablaba	comía
(tú)	hablabas	comías
(él, ella, Ud.)	hablaba	comía
(nosotros)	hablábamos	comíamos
(vosotros)	hablabais	comíais
(ellos, ellas, Uds.)	hablaban	comían

EJERCICIO 3. *Práctica de verbos: Lindos recuerdos*

This is your chance to recall the good old days as you tell
what you and your friends did when you were children.

> MODELO   ¿Estudiaban Uds. mucho?
> *Sí, estudiábamos mucho.*
> <u>or</u> *No, no estudiábamos mucho.*

Only the affirmative reply will be given on the tape. Repeat it
after the speaker.

EJERCICIO 4. *Más práctica de verbos*

Some people and things never change. When you hear a statement
about some people, say that they used to do the same thing or
were the same way in the past. Repeat the correct answer after
the speaker.

> MODELO   Elena es buena.
> *Siempre era buena.*

EJERCICIO 5. *Comparisons of Inequality: Más o menos*

You will hear sentences stating certain qualities. Compare
them, always comparing the second element to the first. Then
repeat the correct answer after the speaker.

> MODELO   Pedro es alto, pero Jaime es muy alto.
> *Jaime es más alto que Pedro.*

EJERCICIO 6. *Irregular Comparative Forms: De un extremo al otro*

You will hear sentences using adjectives of comparison. Repeat
the sentence, substituting the antonym (opposite meaning) for
the adjective. Then repeat the correct answer after the
speaker.

> MODELO   El helado de vainilla es mejor que el helado de
> chocolate.
> *El helado de vainilla es peor que el helado de*
> *chocolate.*

EJERCICIO 7. *Vocabulario*

Listen carefully to the comments and then complete the sentences
with the word from the list that is most appropriate.

> MODELO   Luisa siempre está contenta.
> *Luisa es una persona feliz. No tiene problemas.*

amable	atento	actitud	feliz	honrado
maduro	sensible	tímido	aceptar	problema
independiente	edad	cariñoso	cambio	

1. Enrique está más _____.

2. Gabriela quiere ser _____. Tiene

   la _____ de 24 años.

3. Juan es muy _____.

4. El _____ de Pedro es que él es

   _____.

5. Bernardo es _____. Le da a la señora todo

   el _____.

6. Salvador es muy _____.

7. El señor Lechuga no es _____.

8. Roberto es _____.

Repeat the correct response after the speaker.

EJERCICIO 8. *El superlativo de comparación*

You will hear some statements about the members of Sra.
Mendoza's English class. Each person has a characteristic that
makes him or her outstanding in that class. Express that idea
with the superlative construction. Then repeat the correct
answer after the speaker.

  MODELO   Todos los estudiantes tienen 18 años, pero Alfonso
            tiene 20 años.
            Alfonso es el mayor de la clase.

EJERCICIO 9. *Comparisons of Equality*

Other people in Sra. Mendoza's English class have the same
characteristics and qualities. You will hear about two people
at a time. Reply with a sentence stating that they are equal.
Then repeat the correct answer after the speaker.

  MODELO   Luisa es simpática. David es simpático.
            Luisa es tan simpática como David.

18

¡Qué susto!

EJERCICIO 1. *Listening*

Listen carefully to the opening presentation of this lesson.
Afterward, you will be asked questions about it.

EJERCICIO 2. *Listening Comprehension*

Each question about the dialogue will be given twice. Answer as
briefly as possible.

1. _____.

2. _____.

3. _____.

4. _____.

5. _____.

6. _____.

7. _____.

8. _____.

9. _____.

Repeat the correct answer after the speaker.

EJERCICIO 3. *El pretérito versus el imperfecto: ¿Qué hicieron?*
             ¿Por qué?

The people you will hear about did certain things yesterday.
Tell what they did and give the reasons why. You will be told
of their actions in the present tense. Change to the preterite
and imperfect in your response. Then repeat the correct answer
after the speaker.

    MODELO   Vamos a la playa porque hace calor.
              Fuimos a la playa porque hacía calor.

EJERCICIO 4. *Un cuento*

You will now hear a very short story. Below are blank spaces
for the verbs. As the story is told, write only the preterite
or imperfect forms in the appropriate column.

    imperfecto   *pretérito*

_____   _____   _____

_____   _____   _____

_____   _____   _____

_____   _____   _____

_____   _____   _____

_____   _____

_____   _____

_____   _____

EJERCICIO 5. *Structures: Preterite versus Imperfect*

Antonio has decided that he has fallen into a rut and that from now on he will do things differently. The speaker will tell you twice what Antonio used to do and will then give you a clue to tell what he did yesterday to make things different. Remember to repeat the answers when you hear them.

> MODELO   Todos los días Antonio se levantaba temprano. (tarde)
> *Ayer Antonio se levantó tarde.*

EJERCICIO 6. *Sound and Spelling*

The speaker will dictate a group of words. Some have a single *c*, and others have a double *c*. Listen carefully and write them in the spaces provided.

1. _____   6. _____

2. _____   7. _____

3. _____   8. _____

4. _____   9. _____

5. _____   10. _____

EJERCICIO 7. *Dictado*

A very short story will be given as a dictation. The speaker
will read the lines twice, the first time slowly and with pauses
so that you can write. The second time the speaker will read
them at a natural pace so that you can fill in anything that may
be missing.

_____

_____

_____

_____

_____

_____

_____

_____

_____

_____

_____

_____

Unidad VI: *Día por día*

CONVERSACIÓN: En el consultorio del doctor

Señora Nevares has an appointment to see the doctor because
lately she has been suffering from headaches. Listen to
her conversation with the receptionist in the doctor's
office. The second time it is given, complete the blanks
below. Remember to repeat the conversations as you listen.

Sra. Nevares: Buenos días, señorita. _____

                  _____ con la doctora Figueroa.

Recepcionista: Buenos días, señora Nevares. ¿_____

                  es su cita?

Sra. Nevares: A la una y media.

Recepcionista: Muy bien. Pero, primero tengo que hacerle

                  unas preguntas. ¿_____

                  _____?

Sra. Nevares: El 27 de diciembre de 1932.

Recepcionista: ¿_____?

Sra. Nevares: Sevilla.

Recepcionista: ¿_____?

Sra. Nevares: Hace dos semanas que tengo dolor de cabeza.

349

Recepcionista: ¡_____! Siéntese, por favor, en

la sala de espera.

Sra. Nevares: ¿_____?

Recepcionista: No, la doctora no va a tardar mucho.

OTRA CONVERSACIÓN: Otro paciente

Alejandro Díaz enters the doctor's office walking with
difficulty.

Recepcionista: Buenos días, Sr. Díaz. ¿A qué hora

_____ con el doctor?

Sr. Díaz: Creo que a las tres y cuarto.

Recepcionista: Ah, sí, ya lo veo. ¿_____

_____ con la pierna?

Sr. Díaz: Sí. _____ porque me

lastimé cuando jugaba al tenis.

Recepcionista: ¿_____?

Sr. Díaz: Sí, mucho. ¿Me puede atender en seguida el

doctor?

Recepcionista: Lo siento, pero _____

_____. ¿Por qué no se

sienta en una silla cómoda para esperarlo?

19

Para vivir muchos años

EJERCICIO 1. *Listening*

What are the secrets of longevity? Listen and you will find out.

EJERCICIO 2. *Listening Comprehension*

You will now hear Grandfather's suggestions, some given correctly and others given incorrectly. If the remark is really what he said, write *Cierto*. If it is stated incorrectly, write *Falso*.

1. _____   5. _____

2. _____   6. _____

3. _____   7. _____

4. _____   8. _____

Repeat the correct answers after the speaker.

EJERCICIO 3. *Vocabulario*

A group of friends is having supper together in a pizzeria.
Tomás is helping out the waiter by asking each person what he
or she will drink. Play the role of the waiter by listening
carefully and writing down each order next to the person's name.

1. Guillermo: _____ .

2. Teresa: _____ .

3. Salvador: _____ .

4. José: _____ .

5. Esperanza: _____ .

6. Tomás: _____ .

Now you are still the waiter as you deliver the drinks to the
proper people. Repeat their orders after the speaker.

EJERCICIO 4. *Vocabulario*

Consuelo has been taking cooking lessons, but she has not been
the outstanding student in the class. Today she is trying to
make salads, but she has some of the ingredients mixed up.
Listen to what she proposes to use and write *Sí* if the
ingredient is appropriate and *No* if it is not. We'll begin
with a fruit salad.

La ensalada de frutas

1. _____   3. _____   5. _____

2. _____   4. _____   6. _____

La ensalada mixta

1. _____   3. _____   5. _____

2. _____   4. _____   6. _____

La ensalada de pollo

1. _____   3. _____   5. _____

2. _____   4. _____   6. _____

EJERCICIO 5.   *Affirmative Familiar Commands*

This party is really dreadful. Nobody is doing anything.
Listen to what these people are not doing and suggest that they
do something. Be sure to repeat the correct response when you
hear it.

     MODELO   Roberto no habla.
               Habla, Roberto.

EJERCICIO 6.   *Negative Familiar Commands*

Everyone took your advice, and now, at three o'clock in the
morning, it looks as though this party will never end, but the
neighbors certainly wish it would. Tell the same people to
kindly stop whatever they are doing. Repeat the correct
response after the speaker.

     MODELO   Roberto habla.
               No hables, por favor.

EJERCICIO 7.   *Pronouns with Commands*

You are helping your friend Ernesto prepare for a dinner party
he is giving. He is rather inexperienced at this sort of thing,
so he asks you for advice. Answer his questions according to
the cue of *Sí* or *No*. Repeat the correct response after the
speaker.

     MODELO   ¿Invito a Ramón? Sí.
               Invítalo. <u>or, if the cue is *No:*</u> *No lo invites.*

353

EJERCICIO 8. *Irregular Familiar Commands*

Like many hosts, Ernesto is suffering from a bad case of last-minute nerves just before the guests are due to arrive. Reassure him by answering his questions affirmatively. And be sure to repeat the response.

     MODELO   ¿Digo "Hola"?
                 Sí, di "Hola".

EJERCICIO 9. *Structures: Formal Commands*

Juan Valdez has gone to see the doctor because he isn't feeling well. Listen to what the doctor tells him he must do, and give the command form as in the model. Don't forget to repeat the correct responses.

     MODELO   Comer menos.
                 Coma menos.

EJERCICIO 10. *Dictado*

What flavor of ice cream do you prefer? The speaker will tell you what flavors are available today in an ice cream store in Venezuela. In the spaces provided, write them as you hear them.

1. _____   5. _____

2. _____   6. _____

3. _____   7. _____

4. _____   8. _____

20

Sugerencias,
recomendaciones y consejos

EJERCICIO 1. *Listening*

Are you wondering about a major? Listen to someone else who is
facing the same problem.

EJERCICIO 2. *Listening Comprehension*

Test your comprehension of the reading you have just heard by
writing *Cierto* or *Falso* in the spaces below.

1. _____   5. _____

2. _____   6. _____

3. _____   7. _____

4. _____

Repeat the correct answers after the speaker.

355

EJERCICIO 3. *Listening for Structures: ¿El subjuntivo o no?*

You will hear a number of sentences. Listen carefully to tell
if they are in the subjunctive mood or the indicative. In the
space next to each number, write <u>S</u> if the sentence is
subjunctive or <u>I</u> if it is indicative.

1. _____   3. _____   5. _____   7. _____   9. _____

2. _____   4. _____   6. _____   8. _____   10. _____

EJERCICIO 4. *Verbos: Regular Subjunctive Forms*

Listen to the regular subjunctive forms and repeat them after
the speaker.

	hablar		*comer*
(yo)	hable		coma
(tú)	hables		comas
(él)	hable	(ella)	coma
(nosotros)	hablemos		comamos
(vosotros)	habléis		comáis
(ellos)	hablen	(ellas)	coman

	vivir		*salir*
(yo)	viva		salga
(tú)	vivas		salgas
(Ud.)	viva	(él)	salga
(nosotros)	vivamos		salgamos
(vosotros)	viváis		salgáis
(Uds.)	vivan	(ellos)	salgan

EJERCICIO 5. *Práctica de verbos: What Do the Students Want?*

The students in an unnamed university are unhappy about certain
issues. Listen to the reasons for their discontent and speak
for them. Repeat the correct responses after the speaker.

MODELO   La administración no los escucha.
         Quieren que la administración los escuche.

356

EJERCICIO 6. *Vocabulario*

Listen carefully to the definitions and answer them with a word
from the vocabulary list below.

el examen de ingreso   los requisitos   un título
la especialidad   la facultad de derecho   una conferencia

1. _____

2. _____

3. _____

4. _____

5. _____

6. _____

Repeat the correct answers after the speaker.

EJERCICIO 7. *Más práctica: The Subjunctive after Expressions*
            of Wish and Request

Here is a subject on which you are all experts: what your
professors expect of you. Listen to these statements; then say
that the professors expect certain things of their students.
Repeat the correct responses after the speaker.

   MODELO   Les aconsejan estudiar más.
            Los profesores les aconsejan a los estudiantes que
            estudien más.

357

EJERCICIO 8. *Y más práctica*

There are some things that we want to do and others that we
would like others to do. The first sentence will tell you how
Carmen feels. The cue will suggest who might also do these
things. Don't forget to repeat the correct response.

    MODELO   Carmen desea conducir.   (su hermano)
                Carmen desea que su hermano conduzca.

EJERCICIO 9. *Dictado*

You will hear three brief situations, each followed by possible
advice or suggestions. After hearing the three possibilities,
given twice, write out the response that you think most
appropriate.

Situación A: _____

             _____

             _____.

Situación B: _____

             _____

             _____.

Situación C: _____

             _____

             _____.

21

Esposos ideales

EJERCICIO 1. *Listening*

What are the qualities you expect in your future wife or
husband? What is most important to you? As you listen to the
following statements, circle the corresponding number below.
Number 1 indicates that the quality or characteristic is of
little or no importance to you. Number 5 indicates that it is
of major importance.

1.   1   2   3   4   5

2.   1   2   3   4   5

3.   1   2   3   4   5

4.   1   2   3   4   5

5.   1   2   3   4   5

6.   1   2   3   4   5

7.   1   2   3   4   5

8.   1   2   3   4   5

9.   1   2   3   4   5

10.   1   2   3   4   5

EJERCICIO 2. *Vocabulario*

Use the wedding invitation below to answer some of the
vocabulary questions you will hear.

Ramón O. Almodóvar Torres
María del Carmen Díaz de Almodóvar
y
Efrer Morales Serrano
Anita Amaral de Morales
tienen el honor de invitarle
al matrimonio de sus hijos
Maricarmen
y
Juan Manuel
el sábado treintiuno de diciembre
de mil novecientos setenta y siete
a las once de la mañana
Santa Iglesia Catedral
San Juan, Puerto Rico

Recepción
Hotel El Convento

1. _____
   _____.

2. _____
   _____.

3. _____
   _____.

4. _____
   _____.

5. _____
   _____.

6. _____
   _____.

7. _____
   _____.

8. _____
   _____.

9. _____
   _____.

Repeat the correct answers after the speaker.

EJERCICIO 3. *Estructuras: The Subjunctive after Expressions of Opinion*

What is necessary for a beautiful wedding? You will hear a statement and a cue. Combine them to express an opinion. The model will show you how. Remember to repeat the response after the speaker.

> MODELO   Es bueno casarse.   (María)
> *Es bueno que María se case.*

EJERCICIO 4. *Verbos: Present Subjunctive Forms of Stem-Changing Verbs in -AR and -ER*

Practice these verbs by repeating them after the speaker.

	jugar		*pensar*		*poder*
(yo)	juegue		piense		pueda
(tú)	juegues		pienses		puedas
(él)	juegue	(ella)	piense	(Ud.)	pueda
(nosotros)	juguemos		pensemos		podamos
(vosotros)	juguéis		penséis		podáis
(ellos)	jueguen	(ellas)	piensen	(Uds.)	puedan

EJERCICIO 5. *Práctica de verbos*

What is important to you? Practice the stem-changing verbs by expressing your feelings about the sentences you will hear. You may answer affirmatively or negatively, but only the affirmative replies will be given. Repeat them after the speaker.

> MODELO   Es importante jugar al tenis.
> *Es importante que yo juegue al tenis.*
> or *No es importante que yo juegue al tenis.*

361

EJERCICIO 6.   *Verbos: Present Subjunctive Forms of Stem-*
               Changing Verbs in -IR

Practice these verbs by repeating them after the speaker.

	sentir		*repetir*		*dormir*
(yo)	sienta		repita		duerma
(tú)	sientas		repitas		duermas
(él)	sienta	(ella)	repita	(Ud.)	duerma
(nosotros)	sintamos		repitamos		durmamos
(vosotros)	sintáis		repitáis		durmáis
(ellos)	sientan	(ellas)	repitan	(Uds.)	duerman

EJERCICIO 7.   *Práctica de verbos*

Practice these verbs by saying what the person in the first
sentence hopes will happen to the person in the second sentence.
Repeat the correct responses after the speaker.

    MODELO   Yo espero. Uds. se divierten.
                Yo espero que Uds. se diviertan.

EJERCICIO 8.   *Práctica de verbos: Irregular Subjunctive Verbs*

Practice these forms by using the cues to make new sentences.

    MODELO   Es esencial ir a la boda.   (nosotros)
                Es esencial que nosotros vayamos a la boda.

Remember to repeat the correct answer.

NOMBRE _____ FECHA _____ CLASE _____

EJERCICIO 9. *Dictado*

The speaker will first read the dictation slowly so you can
write it below. When it is read at a normal pace the second
time, check what you have written.

_____

_____

_____

Esperanza Gómez Estrada, _____

Luis Villegas Rodríguez, _____

_____ Esperanza Gómez de Villegas.

_____

_____

_____

_____

363

Unidad VII: Día por día

CONVERSACIÓN: En el restaurante

The Café Tacuba is a lovely, traditional restaurant in the
heart of Mexico City. Imagine that you and a friend are
having the following conversation with the waiter as you
have dinner there. When the conversation is given again,
complete the blanks below.

Camarero: Buenas tardes, señores. ¿_____?

Ud.:   ¿_____ esta noche?

Camarero: _____ es el mole poblano.

Ud.:   ¿_____?

Camarero: Es pavo con una salsa de muchos ingredientes, entre

            ellos el chocolate.

Ud.:   Mmm. Parece interesante. _____.

Camarero: Muy bien. ¿Y qué van a comer _____?

Ud.:   Para mí, nada. Pero para mi amiga

            _____.

Camarero: ¿_____?

Ud.:   Una botella de agua mineral, por favor.

365

OTRA CONVERSACIÓN: Para terminar la comida

The mole poblano was delicious. Now finish your meal at the
Café Tacuba.

Camarero: ¿Qué tal el mole poblano? ¿_____?

Ud.: Sí, estaba riquísimo.

Camarero: ¿Les puedo traer _____?

Ud.: Sí, para mí un flan y _____.

Camarero: En seguida se los traigo.

Ud.: Y _____,

por favor. Tenemos prisa porque tenemos entradas

para el Ballet Folklórico.

22

El futuro personal

EJERCICIO 1. *Listening*

Listen carefully as several people tell you how they see
themselves twenty years from now. Afterward, you will be asked
questions.

EJERCICIO 2. *Listening Comprehension*

When you hear a statement about each of the people who just
spoke, circle the corresponding word or words below that best
suggest what each will be like twenty years from now.

1. Angel será

   trabajador   estudiante   abogado

2. Teresa

   será maestra   no sabe cómo será   será hombre

3. Ricardo

   no sabe cómo será   será izquierdista   será conservador

367

4. Guillermo

   estará igual   estará cambiado   será empleado de banco

5. Margarita estará

   en la misma oficina   casada   segura

6. Jorge

   será millonario   trabajará más   será plomero

Repeat the correct answer after the speaker.

EJERCICIO 3. *Verbos: El futuro*

Repeat the forms of the future tense after the speaker says
them.

	trabajar		*comer*		*escribir*
(yo)	trabajaré		comeré		escribiré
(tú)	trabajarás		comerás		escribirás
(él)	trabajará	(ella)	comerá	(Ud.)	escribirá
(nosotros)	trabajaremos		comeremos		escribiremos
(vosotros)	trabajaréis		comeréis		escribiréis
(ellos)	trabajarán	(ellas)	comerán	(Uds.)	escribirán

EJERCICIO 4. *Práctica de verbos*

Several students will tell you about their plans or their
friends' plans for next semester. Repeat the information they
give you in the future tense and then repeat the correct
response.

   MODELO   Diana va a estar en México.
             Diana estará en México.

EJERCICIO 5. *Vocabulario: El destino*

Several people visited Madame Yolanda, the fortune-teller, to
ask what the future holds for them. Listen to what she tells
them and select the career she foresees from the list below.

veterinario	plomero	secretaria	comerciante	farmacéutico
electricista	dentista	mecánico	cirujano	enfermera
ejecutivo	carpintero	médico	abogado	dependiente

1. _____   6. _____

2. _____   7. _____

3. _____   8. _____

4. _____   9. _____

5. _____   10. _____

Repeat Madame Yolanda's predictions after the speaker.

EJERCICIO 6. *Práctica de verbos: Irregular Future Tense*

Practice the irregular future form by giving affirmative answers
to the questions you will hear and by repeating the correct
response.

        MODELO   ¿Podrá Ud. asistir a la clase?
                  Sí, podré asistir a la clase.

EJERCICIO 7. *Verbos*

Practice the forms of the conditional tense by repeating them after the speaker.

	trabajar		*comer*
(yo)	trabajaría		comería
(tú)	trabajarías		comerías
(él)	trabajaría	(ella)	comería
(nosotros)	trabajaríamos		comeríamos
(vosotros)	trabajaríais		comeríais
(ellos)	trabajarían	(ellas)	comerían

	vivir		*salir*
(yo)	viviría		saldría
(tú)	vivirías		saldrías
(Ud.)	viviría	(él)	saldría
(nosotros)	viviríamos		saldríamos
(vosotros)	viviríais		saldríais
(Uds.)	vivirían	(ellos)	saldrían

EJERCICIO 8. *Práctica de verbos*

Money certainly does change things. The speaker will tell you about a group of students who are not doing what they would like to do because they have no money. Say what they would do if they had money. Repeat the correct response when you hear it.

MODELO   Luisa no compra un coche.
          Compraría un coche.

EJERCICIO 9. *Dictado*

In the space provided here, write the conversation between Adela
and Dr. Pérez's secretary the first time you hear it. The
second time it is given, check what you have written.

Secretaria: _____

Adela: _____

_____

Secretaria: _____

_____

Adela: _____

Secretaria: _____

_____

_____

Adela: _____

Secretaria: _____

_____

Adela: _____

Secretaria: _____

_____

23

¿Hay algo que le molesta hoy?

EJERCICIO 1. *Listening Comprehension*

Listen carefully to the following five interviews. After each one, one or more statements will be given. Circle *Cierto* or *Falso* below. Each statement will be given twice.

1. Cierto   Falso   5. Cierto   Falso

2. Cierto   Falso   6. Cierto   Falso

3. Cierto   Falso   7. Cierto   Falso

4. Cierto   Falso

Repeat the correct answers after the speaker.

EJERCICIO 2. *Vocabulario: Hablando del dinero*

A number of statements will be made. Write the appropriate word or phrase from the list below to define the statement. Be sure to write next to the corresponding number and phrase.

le falta   cuenta de ahorros   cierra
inflación   gasta   billete
tarjeta de crédito   firmar   bajo
sueldo   cuenta corriente

373

1. Tengo una _____.

2. Tengo una _____.

3. Quiere un _____ de un dólar.

4. Mi _____ es pequeño.

5. Puede pagar con una _____.

6. Hay un período de _____.

7. El señor tiene que _____ el cheque.

8. Su hijo _____ mucho.

9. _____ una moneda.

10. _____ la puerta.

11. No, _____.

EJERCICIO 3. *Práctica de verbos*

Listen to the following statements and questions that will be given twice. Answer each question using the correct form of the present progressive of the appropriate verb. Then repeat the correct answer after the speaker.

    MODELO   Estoy pagando la cuenta. ¿Y ella?
                  Ella está pagando la cuenta también.

EJERCICIO 4. *Práctica de verbos*

Say what the following people are doing right now by using the present progressive tense. Repeat the correct answer after the speaker.

    MODELO   Elena deposita dinero.
                  Elena está depositando dinero.

EJERCICIO 5.   *Práctica de verbos*

Last night Juanita called up all her classmates in order to make
arrangements for the class trip. Tell what each person was
doing when Juanita called. You will hear the sentence in the
imperfect tense. Give the reply in the imperfect progressive.

    MODELO   José miraba la televisión.
              José estaba mirando la televisión.

Remember to repeat the correct answer after the speaker.

EJERCICIO 6.   *Structures*

It is now seven o'clock in the morning. Tell what the following
people are doing, using object or reflexive pronouns with the
present perfect tense. Repeat the correct answer after the
speaker.

    MODELO   Silvia se está peinando.
              Silvia está peinándose.

EJERCICIO 7.   *Structures: ¿Cuánto tiempo hace... ?*

You will hear some questions about how long people have been
doing certain things. The period of time will also be given.
Answer the questions with the time period that you hear, then
repeat the correct answer after the speaker.

    MODELO   ¿Cuánto tiempo hace que esperan el autobús?
              ¿20 minutos?
              Hace veinte minutos que esperan el autobús.

EJERCICIO 8. *Structures: POR y PARA*

A series of questions and suggested replies will be given twice.
Respond affirmatively, using the suggested reply. Repeat the
correct answer after the speaker.

    MODELO   ¿Cuándo salen los muchachos para California?
                ¿Mañana?
                Sí, mañana salen para California.

EJERCICIO 9. *Dictado*

The speaker will first read the dictation slowly so you can write
it below. When it is read at a normal pace the second time,
check what you have written.

_____

_____

_____

_____

_____

_____

_____

_____

_____

_____

_____

_____

_____

24
El intruso

EJERCICIO 1. *Listening*

Have you ever imagined that you heard an intruder breaking into
your home at night? Well, so did Sra. Ruiz. Listen to what
happened. Afterward, you will be asked questions.

EJERCICIO 2. *Listening Comprehension*

Listen carefully to the questions about the dialogue you have
just heard and answer *Cierto* or *Falso.*

1. _____   4. _____

2. _____   5. _____

3. _____   6. _____

Listen to the correct answers and repeat them.

EJERCICIO 3.   *Vocabulario*

Different things in the home have different functions. The
speaker will ask about those functions and give you a choice of
two things. Select the right word and write it in the spaces
provided here.

1. _____   5. _____

2. _____   6. _____

3. _____   7. _____

4. _____   8. _____

Listen to the correct answers and repeat them.

EJERCICIO 4.   *¿Cómo están?*

Listen to what the following people say and then say that they
are not feeling that way. Repeat the correct answer after you
have heard it.

    MODELO   ¿Yo? ¿Preocupada?
                No, no estoy preocupada.

EJERCICIO 5.   *Los niños adorables*

Sra. Valladares had to do some errands, so she asked a neighbor,
Pilar, to stay with her two little darlings for a while. Pilar
spent most of the time talking on the phone. The two little
darlings were also busy. Listen to the conditions Sra.
Valladares finds upon her return and describe them. Repeat
the correct answer after it is given.

    MODELO   ¡El canario! ¡Muerto!
                El canario está muerto.

378

EJERCICIO 6. *Verbos: The Present Perfect*

Repeat the forms of the present perfect tense as the speaker says them.

Yo he ido a México.   Nosotros hemos ido al Uruguay.
Tú has ido al Perú.   Vosotros habéis ido al Paraguay.
Él ha ido a Chile.   Ellos han ido a España.

EJERCICIO 7. *Práctica de verbos*

Everybody has done what he or she said would be done. Listen to the questions and reply affirmatively. Repeat the correct answer after you have heard it.

    MODELO   ¿Estudiaron los estudiantes?
              Sí, los estudiantes han estudiado.

EJERCICIO 8. *Mas práctica de verbos: The Present Perfect with Irregular Past Participles*

This group of people is not like the one you just heard about. They have not done what they set out to do. Reply negatively to the questions, being sure to repeat the correct answer when you hear it.

    MODELO   ¿Vio Ud. a María?
              No, no he visto a María.

EJERCICIO 9. *Vocabulario*

The newlyweds, Anita and Daniel, are having dinner guests for
the first time. As they set the table together, Anita tells
Daniel what they will have for dinner. When you hear Anita's
remarks, write the name of the item in the space next to the
drawing.

EJERCICIO 10. *Verbos: El pluscuamperfecto*

As the speaker gives the pluperfect tense, repeat the forms
during the pauses.

Yo había leído el periódico.   Nosotros habíamos leído las
            noticias.

Tú habías leído la revista.   Vosotros habíais leído el
            aviso.

Ella había leído el horóscopo. Ellas habían leído el poema.

EJERCICIO 11. *Dictado*

Imagine that you and several other students are telling your friends about your junior year abroad in Spain. Write below what the speaker says. The comments will be repeated so you can check yours answers.

Nosotros _____

_____.

Yo _____

_____.

Roberto y Eduardo _____

_____.

María _____

_____.

Unidad VIII: Día por día

CONVERSACIÓN: En el extranjero

Frank Griffin is a North American student who is spending a
year in Mexico to perfect his Spanish. Listen to the
conversation that takes place as he tries to learn his way
around Mexico City. The second time the conversation is
given, complete the blanks below.

Frank: _____. ¿Me podría decir dónde

          para el camión que pasa por el Museo de Bellas Artes?

Joven: _____. Yo también

          estoy esperándolo.

Frank: Gracias. ¿_____

          pasan frecuentemente?

Joven: Sí. _____.

Frank: Cada quince minutos. ¿_____?

Joven: _____. Yo también acabo de llegar a

          la esquina.

OTRA CONVERSACIÓN: En el museo

Frank arrives at the museum and speaks with the young lady who
sells admission tickets.

Frank: ¿_____?

Señorita: Cien pesos, señor.   Cincuenta pesos

_____.

Frank: Acá tiene mi tarjeta.   ¿A qué hora

_____?

Señorita: A las cinco _____.

Frank: ¿_____ para

el Ballet Folklórico?

Señorita: En la boletería que está a la vuelta.

Frank: ¿Sabe Ud. _____ esta noche?

Señorita: _____.   Se puede preguntar

en la boletería.

25

Los turistas

EJERCICIO 1. *Listening*

Guillermo and Roberto, two young men from Barcelona, are
spending their vacation in New York. This is their first day
there. Listen carefully as they plan their sightseeing.
Guillermo speaks first. Afterward, you will be asked questions.

EJERCICIO 2. *Listening Comprehension*

Listen carefully to the following questions about the dialogue
you have just heard. Write brief answers below.

1. _____.

2. _____.

3. _____.

4. _____.

5. _____.

6. _____.

7. _____

   _____.

8. _____.

Repeat the correct answer after the speaker.

EJERCICIO 3.   *Sound Discrimination*

You will hear a group of words beginning with *cua-*. Write the appropriate word under the drawing that matches it.

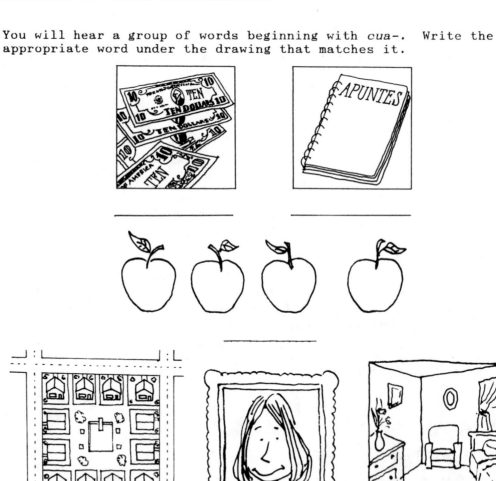

_____   _____

_____

_____   _____

EJERCICIO 4. *Estructuras: The Passive Voice. ¿Qué hizo?*
¿Qué fue hecho?

You will be told what some people did yesterday. Then you will
tell what was done, using the passive voice. Be sure to repeat
the correct response after you have heard it.

MODELO   Teresa recibió una invitación.
La invitación fue recibida por Teresa.

EJERCICIO 5. *Estructuras: ¿Se hablan español aquí?*
The Se pasivo *Construction*

Guillermo and Roberto are having a bit of difficulty finding
their way around New York, so they ask a few questions. Play
the role of the passersby to whom they address their questions.
Answer affirmatively and be sure to repeat the correct response.

MODELO   ¿Se habla español aquí?
Sí, se habla español aquí.

EJERCICIO 6. *Vocabulario: ¿Dónde se vende... ?*

Although there are supermarkets and department stores in Spain,
Pilar prefers to do her shopping at the smaller neighborhood
stores. As she tells you what she buys, complete the sentence
by telling where it is sold, selecting from the list below.

la lechería   la carnicería   el quiosco   la panadería
la verdulería   la librería   la zapatería   la florería
la heladería

1. Se vende en _____.

2. Se vende en _____.

3. Se venden en _____.

4. Se vende en _____.

5. Se venden en _____.

387

6. Se venden en _____.

7. Se vende en _____.

8. Se vende en _____.

9. Se venden en _____.

10. Se vende en _____.

11. Se vende en _____.

12. Se venden en _____.

Repeat the correct answer after the speaker.

EJERCICIO 7. *¿Dónde están?*

Look carefully at the drawing below. As you hear the people or things mentioned, tell where they are by filling in the spaces with phrases selected from the list below.

lejos de   cerca de   en   fuera de
al lado de   detrás de   dentro de

NOMBRE _____ FECHA _____ CLASE _____

1. El coche está _____ el garaje.

2. El garaje está _____ la casa.

3. El jardín está _____ la casa.

4. Los chicos están _____ la casa.

5. Los padres están _____ la casa.

6. El árbol está _____ la casa.

7. La escalera está _____ la casa.

8. Las montañas están _____ la casa.

Repeat the correct answers after the speaker.

EJERCICIO 8. *Los números ordinales*

You have just gotten into an elevator on the ground floor and
are standing next to the button panel. As other people enter
the elevator, they tell you what floor they want. As they call
out the cardinal numbers, confirm their floor by saying the
ordinal number as you press the button. Then repeat the
correct answer after the speaker.

    MODELO   Dos, por favor.
              Segundo.

EJERCICIO 9. *Dictado*

The speaker will first read the dictation slowly so you can write
it below. When it is read at a normal pace the second time,
check what you have written.

_____

_____

_____

_____

_____

_____

_____

_____

_____

26

Una carta del viajero

EJERCICIO 1. *Listening*

Jorge Castro and his cousin Ernesto are from Caracas, Venezuela, and right now they are on a trip in the United States. Listen to the letter that Jorge has written to his parents.

EJERCICIO 2. *Listening Comprehension*

As you hear the following statements about Jorge's letter, write *Cierto* or *Falso* in the spaces provided.

1. _____   4. _____

2. _____   5. _____

3. _____

EJERCICIO 3. *Estructuras: The Construction Verb + Infinitive*

You will hear a number of questions regarding your career as a
student. Answer the questions affirmatively or negatively.
Only the affirmative response will be given. Repeat the correct
response after the speaker.

    MODELO   ¿Acaba Ud. de estudiar?
               Sí, acabo de estudiar. <u>or</u> *No, no acabo de estudiar.*

EJERCICIO 4. *Estructuras: Using Object Pronouns with*
                      Infinitive Constructions

Listen to the sentences and respond affirmatively, substituting
the object pronoun as in the model. Don't forget to repeat the
correct response.

    MODELO   ¿Quiere Ud. ver mi pasaporte?
               Sí, quiero verlo.

EJERCICIO 5. *Estructuras*

Tonight you are baby-sitting. Naturally, the children question
everything you tell them. Reply firmly, telling them that they
must do what is required of them. Use the expression *hay que.*
Repeat the correct response after the speaker.

    MODELO   ¿Tenemos que apagar el televisor ahora?
               Sí, hay que apagar el televisor ahora.

EJERCICIO 6. *Preposiciones que se usan con infinitivos*

Before the children go to bed, however, there are some things
that they must do. You will hear two sentences. Tell them to
do the first thing before the second. Repeat the correct
response after the speaker.

    MODELO   Tomar la leche. Cepillarse los dientes.
                Uds. deben tomar la leche antes de cepillarse los
                dientes.

EJERCICIO 7. *Stressed Possessive Adjectives*

Sometimes things look alike, and it is hard to tell what belongs
to whom. Let's try to sort out the following things and find
their rightful owners. Answer each question negatively and
repeat the correct answer after the speaker.

    MODELO   La bicicleta. ¿Es tuya?
                No, no es mía.

EJERCICIO 8. *Dictado*

The speaker will first read the conversation slowly so you can
write it below. When it is read at a normal pace the second
time, check what you have written.

Enrique: _____

          _____

Tina: _____

Enrique: _____

Tina: _____

Enrique: _____

Tina: _____

Enrique: _____

Tina: _____

_____

Enrique: _____

Tina: _____

_____

Enrique: _____

_____

Tina: _____

Enrique: _____

_____

Tina: _____

27
La política

EJERCICIO 1. *Listening Comprehension*

Listen carefully as seven Hispanic students tell you how they
feel about politics. After each one speaks, you will hear a
statement. Respond to the statements with *Cierto* or *Falso*.

1. _____   5. _____

2. _____   6. _____

3. _____   7. _____

4. _____

Repeat the correct answers after the speaker.

EJERCICIO 2. *Vocabulario: ¿En pro de o en contra de?*

Listen to the comments that these people make and indicate
whether they are for or against the topic of their conversation.

Está en pro de.	*Está en contra de.*
1. _____	_____
2. _____	_____

3. _____   _____

4. _____   _____

5. _____   _____

6. _____   _____

7. _____   _____

8. _____   _____

Repeat the correct answers after the speaker.

EJERCICIO 3.   *Estructuras: The Subjunctive after Expressions of Emotion*

Are you glad or are you sorry? When you hear what people tell you about themselves, express your feelings by saying you are glad *(Me alegro de que...)* or sorry *(Siento que...)*. Repeat the correct response.

    MODELO   Hoy es mi cumpleaños.
                 Me alegro de que hoy sea su cumpleaños.

EJERCICIO 4.   *Listening Comprehension: The Subjunctive after Expressions of Doubt*

Listen carefully to the following remarks and indicate whether the speaker is expressing certainty or doubt.

	certeza	*duda*		*certeza*	*duda*
1.	_____	_____	6.	_____	_____
2.	_____	_____	7.	_____	_____
3.	_____	_____	8.	_____	_____
4.	_____	_____	9.	_____	_____
5.	_____	_____	10.	_____	_____

Repeat the correct answers after the speaker.

EJERCICIO 5. *Estructuras*

Listen to what the candidate is promising in his campaign speeches and play the role of the cynic by not believing what he says. Repeat the correct responses after the speaker.

MODELO   ¡Voy a ser un hombre consciente!
No creo que Ud. sea un hombre consciente.

EJERCICIO 6. *Sound Discrimination*

Some of the words you will hear contain the *-ei* diphthong, and others have the *-ie* diphthong. Write the words in the corresponding column below, and say them as you hear them.

-ei	*-ie*
1. _____	_____
2. _____	_____
3. _____	_____
4. _____	_____
5. _____	_____
6. _____	_____
7. _____	_____

EJERCICIO 7. *Dictado*

In the space provided below, write the following campaign
speech. The speaker will read it with pauses the first time and
will deliver the speech at a normal pace the second time.

_____

_____

_____

_____

_____

_____

_____

_____

Unidad IX: *Día por día*

CONVERSACIÓN: ¡Feliz viaje!

Señor Torres is going to Santiago, Chile, on a business
trip. Upon arriving at the airport, he finds that
his fight has been delayed. Listen carefully to his
conversation with the ticket agent. The second time
you hear it, fill in the blanks below.

Agente: _____ por favor.

Sr. Torres: Aquí los tiene.

Agente: ¿_____?

Sr. Torres: Tengo una maleta y una bolsa.

Agente: _____ como equipaje

             de mano. ¿_____?

Sr. Torres: No fumar.

Agente: ¿_____?

Sr. Torres: La ventanilla, por favor.

Agente: Tengo que avisarle que hay una demora

             _____.

Sr. Torres: ¿A qué hora cree Ud. _____?

Agente: Todavía no se sabe, señor, pero les avisaremos a los

pasajeros _____ .

OTRA CONVERSACIÓN: Todo está en orden

Alma Trejos lives in Guayaquil, Ecuador, and is going to
spend her vacation with her married sister, who lives in
Quito.

Agente: Su boleto, por favor.

Alma: _____ . ¿Sale el avión a

tiempo?

Agente: Sí, señorita. _____ .

¿Prefiere _____ ?

Alma: Me gusta sentarme al lado de la ventanilla.

Agente: A ver si tenemos un asiento al lado de la ventanilla.

Sí, queda uno más. _____ .

¿Fumar o no fumar?

Alma: _____ .

Agente: ¿Cuánto equipaje tiene?

Alma: _____ . ¿Puedo

llevar la bolsa en el avión?

Agente: Sí, es pequeña y cabe fácilmente debajo del asiento.

Bueno, señorita, _____ .

Puede abordar el avión a las tres y cuarto.

Alma: ¿_____ ?

Agente: La salida tres. ¡_____ !

400

28

La entrevista

EJERCICIO 1. *Listening*

What are the expectations of the prospective employee? And what are the expectations of the prospective employer? Listen carefully to this case.

EJERCICIO 2. *Listening Comprehension*

Which aspects of a job are important to Marta? Listen carefully and, as the aspects are mentioned, write *Cierto* if they are important to her and *Falso* if they are not.

1. _____   5. _____

2. _____   6. _____

3. _____   7. _____

4. _____   8. _____

Repeat the correct answers after the speaker.

EJERCICIO 3. *Indicative versus Subjunctive after Relative*
Pronouns

What are they looking for? Listen carefully to the questions
and the cues, and answer in the subjunctive mood. Repeat the
correct responses after the speaker.

> MODELO   El señor Torres busca una secretaria.
> (hablar español)
> *El señor Torres busca una secretaria que hable*
> *español.*

EJERCICIO 4. *Subjunctive and Indicative: La agencia de empleo*

The company is increasing its staff, so the head of personnel
calls the employment agency and tells them what is needed. Play
the part of the person at the employment agency by telling the
head of personnel that your agency has the right person for
every job. Remember to repeat the correct response.

> MODELO   Necesitamos una secretaria que escriba rápidamente.
> *Tenemos una secretaria que escribe rápidamente.*

EJERCICIO 5. *Estructuras: The Use of the Subjunctive after*
Certain Conjunctions

Carlos has just been offered a job, but he tells the company
that he will not accept it until certain conditions are met.
Listen to the conditions and finish Carlos' statements by using
a menos que to link the two clauses. Then repeat the correct
answers after the speaker.

> MODELO   No aceptaré el empleo / Uds. aumentan el sueldo.
> *No aceptaré el empleo a menos que Uds. aumenten*
> *el sueldo.*

Be sure to start off each time with *No aceptaré el empleo...*

EJERCICIO 6.   *Estructuras*

Carlos is not the only one setting up conditions. The president
of the company has a few of his own. He tells Carlos that the
job is his, providing he complies with certain conditions.
Listen to the model and remember, as you play the role of the
president, to start each sentence with *El empleo es suyo a
condición de que...* Remember to repeat the correct answers
after the speaker.

> MODELO   Ud. puede comenzar esta semana.
> *El empleo es suyo a condición de que Ud. pueda
> comenzar esta semana.*

EJERCICIO 7.   *Indirect Commands with* QUE

Many kind people have offered to do certain tasks for you.
Listen to what they offer to do and then say that they are
welcome to go ahead and do so. Repeat the correct response
after the speaker.

> MODELO   Jorge quiere hacer su tarea.
> *¡Que la haga!*

EJERCICIO 8.   *Dictado*

The speaker will first read the interview slowly so you can write
it below. When it is read at a normal pace the second time,
check what you have written.

El jefe: _____

_____

_____

Srta. R.: _____

_____

El jefe: _____

Srta. R.: _____

_____

El jefe: _____

_____

_____

Srta. R.: _____

El jefe: _____

_____

Srta. R.: _____

_____

El jefe: _____

_____

_____

Srta. R.: _____

El jefe: _____

29

Cartas de los lectores

EJERCICIO 1. *Listening Comprehension*

The speakers will read several letters to the editor that appeared recently in a leading Latin American newspaper. After each letter, you will hear a statement about it. Say whether that statement is *Cierto* or *Falso*.

1. _____

2. _____

3. _____

4. _____

5. _____

EJERCICIO 2. *Vocabulario*

Below you will find a list of urban problems. Eavesdrop on the following conversations and fill in the blanks with the correct problems.

los impuestos	la aglomeración de tráfico	escasos
mejorar	la contaminación del aire	espacio libre
costo de vida	crimen	escaparse

1. Hablan del _____.

2. El problema aquí es _____.

3. Hablan del _____.

4. Quieren _____ el sistema

   de teléfonos.

5. Se queja de pagar _____.

6. Habrá menos _____.

7. Los apartamentos son _____.

8. Sufre por _____.

9. Le gusta _____ de la

   ciudad.

Repeat the correct answers after the speaker.

EJERCICIO 3. *Use of the Subjunctive with* CUANDO

What has to be done to make the city a better place in which to live? *"Esta ciudad será más agradable cuando..."* Listen to the cues and complete the sentence according to the model. And don't forget to repeat the correct response.

> MODELO   Hay menos contaminación.
> *Esta ciudad será más agradable cuando haya menos contaminación.*

406

EJERCICIO 4. *Estructuras*

Although it is summer, the following people have not gone away
on vacation. Say that they will not go until something else
occurs, as in the model. Be sure to repeat the correct answer
after the speaker.

> MODELO   Isabel compra una maleta.
> *Isabel no irá de vacaciones hasta que compre una
> maleta.*

EJERCICIO 5. *Verbos: The Present Perfect Subjunctive*

Practice this form by repeating after the speaker.

Es posible que...

yo haya hablado	nosotros hayamos hablado
tú hayas hablado	vosotros hayáis hablado
Ud. haya hablado	Uds. hayan hablado

EJERCICIO 6. *Práctica de verbos: Solamente con experiencia*

A large international company is looking for people with
previous experience to work in one of its overseas branches.
Start each sentence with: *Buscamos una persona* and finish it
with the cue. Repeat the correct responses after the speaker.

> MODELO   estudiar otras lenguas
> *Buscamos una persona que haya estudiado otras
> lenguas.*

EJERCICIO 7. *Dictado*

The speaker will read a paragraph twice. The first time it will
be given slowly so you can write. The second time it will be
given at a normal pace so you can check what you have written.

_____

_____

_____

_____

_____

_____

_____

_____

30

Hacia un mundo mejor

EJERCICIO 1.   *Listening Comprehension*

What are your suggestions for improving the state of the world?
Listen as six Hispanic students tell you their views. After
each one speaks, you will hear a statement. Indicate whether or
not they accurately reflect the views you have heard by writing
Cierto or *Falso*.

1. _____   4. _____

2. _____   5. _____

3. _____   6. _____

Repeat the correct answers after the speaker.

EJERCICIO 2. *Verbos*

Practice the forms of the imperfect subjunctive by repeating them after the speaker.

	hablar		*comer*		*vivir*
(yo)	hablara		comiera		viviera
(tú)	hablaras		comieras		vivieras
(él)	hablara	(ella)	comiera	(Ud.)	viviera
(nosotros)	habláramos		comiéramos		viviéramos
(vosotros)	hablarais		comierais		vivierais
(ellos)	hablaran	(ellas)	comieran	(Uds.)	vivieran

EJERCICIO 3. *Práctica de verbos*

Having lost the election, the candidate is now reviewing his campaign strategy to determine what went wrong. Listen to each problem. Then use the cue as the subject of the second clause. Repeat the correct responses after the speaker.

MODELO Era importante escuchar la voz del pueblo.   (yo)
Era importante que yo escuchara la voz del pueblo.

EJERCICIO 4. *Más práctica*

Perhaps it would be helpful to the candidate to know what the voters wanted. Listen to some of them and use the cue to form a second clause. Repeat the correct response.

MODELO Queríamos hablar francamente.   (el candidato)
Queríamos que el candidato hablara francamente.

EJERCICIO 5. *Verbos: The Irregular Imperfect Subjunctive*

Practice some irregular imperfect subjunctive forms by repeating
after the speaker the *ellos* form of the preterite and the *yo*
form of the imperfect subjunctive.

ir	ellos fueron	yo fuera
ser	ellos fueron	yo fuera
hacer	ellos hicieron	yo hiciera
querer	ellos quisieron	yo quisiera
venir	ellos vinieron	yo viniera
estar	ellos estuvieron	yo estuviera
haber	ellos hubieron	yo hubiera
poder	ellos pudieron	yo pudiera
poner	ellos pusieron	yo pusiera
saber	ellos supieron	yo supiera
tener	ellos tuvieron	yo tuviera
conducir	ellos condujeron	yo condujera
decir	ellos dijeron	yo dijera
dormir	ellos durmieron	yo durmiera
servir	ellos sirvieron	yo sirviera

EJERCICIO 6. *Práctica de verbos*

Just what did the other candidate do to win the election?
Listen carefully to these sentences and use *yo* as the subject of
the second clause. Repeat the correct responses after the
speaker.

MODELO   Era importante ser honesto.
          Era importante que yo fuera honesto.

EJERCICIO 7. *The Use of the Subjunctive after SI*

Of course, some people also have some ideas of what each would
do if he or she were president. Listen to what each would do
and say it in a complete sentence beginning with *Si yo fuera
presidente...* , as in the model. Be sure to repeat the correct
response.

    MODELO   controlar la contaminación
                  *Si yo fuera presidente, controlaría la
                  contaminación.*

EJERCICIO 8. *Dictado*

As the speaker gives the dictation slowly, write it in the space
below. The second time it is given, review what you have
written.

_____

_____

_____

_____

_____

_____

_____

_____

_____

_____

_____